Cabin Porn

DOUBLE-PAGE PRÉCÉDENTE Le sommet du volcan éteint Black Butte culmine à 1981 mètres. Il est situé près de Sisters, dans l'Oregon, aux États-Unis. Construite en 1934, la cabane surplombe le mont Three Fingered Jack.
Photo partagée par Connor Charles

EN COUVERTURE La cabane de Scott, une structure de 29 mètres carrés à Beaver Brook, dans la commune de Barryville, état de New York, États-Unis.

EN QUATRIÈME DE COUVERTURE
Le Beaver Brook, un affluent du fleuve Delaware.

Traduction et mise en page : Anne-Laure Esteves
Relecture et correction : Margo Vitrac
Ventes directes et partenariats : Ebru Kececi (ekececi@hachette-livre.fr)
Relations presse : epa@hachette-livre.fr

Édité par les Éditions E/P/A (58, rue Jean Bleuzen 92178 Vanves Cedex)
Achevé d'imprimer en octobre 2021 en Espagne par Gráficas Estella
Dépôt légal : avril 2019
978-2-37671-039-4
40/4798/7-02

Cabin Porn

COLLECTED BY
Beaver Brook

ÉDITION :
Zach Klein
TEXTES :
Steven Leckart
PHOTOGRAPHIES :
Noah Kalina

Chacun porte en lui une maison prête à prendre forme. Il ne faut pas manquer d'ambition ni de matériaux pour construire une cabane, mais le jeu en vaut la chandelle : imaginez cet endroit paisible où vous pourrez vous ressourcer ou recevoir vos amis...

Au cours des six dernières années, nous avons rassemblé les photographies et l'histoire de plus de douze mille cabanes que des passionnés ont fabriquées de leurs mains à partir des matériaux dont ils disposaient dans un lieu qui leur était cher. Ce livre contient plus de deux cents cabanes sélectionnées dans nos archives, ainsi que dix histoires singulières. Puissent-elles vous inspirer.

« La construction obéit à des règles immémorielles. Vieilles d'un millier d'années, elles sont les mêmes aujourd'hui qu'hier. Les grands bâtiments traditionnels du passé, les villages, les tentes et les temples où l'on se sent chez soi, ont tous été construits par des hommes qui se sont attachés à suivre ces règles au plus près. »

— Christopher Alexander

INTRODUCTION

BEAVER BROOK

Un novice crée un lieu de retraite communautaire dans les bois pour apprendre à travailler de ses mains.

Comment créer une communauté

Barryville, État de New York, États-Unis

Je rêvais d'un terrain isolé où tout serait possible. Cela faisait six ans que je travaillais en ville et que je créais des communautés sur Internet; j'avais envie de fonder quelque chose dans la vraie vie. Je caressais l'idée d'un lieu où l'on pourrait se retrouver entre amis dans la nature, où l'on oublierait nos problèmes professionnels et où l'on s'épaulerait dans la découverte de nouvelles pratiques. J'imaginais un paysage rempli de cabanes que nous fabriquerions de nos mains, malgré notre manque d'expérience. J'ai commencé mes recherches dans le nord de l'État de New York, en quête d'un espace dépourvu d'habitants qui verraient d'un mauvais œil nos expérimentations architecturales et l'implantation d'une communauté.

Comme beaucoup de gens qui explorent l'État, j'étais jusque-là resté près de l'Hudson, ce fleuve vital du nord-est s'écoulant depuis les montagnes Catskill à travers une vaste vallée où se reflète la Nouvelle-Angleterre, ses villes coloniales et ses vergers ouverts à la cueillette. La région est belle, mais je n'y trouvais aucune terre assez sauvage. J'ai alors élargi mon champ de recherches et, après un an à m'éloigner toujours davantage de la ville de New York, j'ai vu une annonce pour une grange et un bout de terrain dans les collines qui surplombent la somptueuse vallée du haut Delaware, une partie de l'État qui m'était inconnue.

Avec un ami, je m'y suis rendu à la fin du mois d'avril et, dès la sortie de l'autoroute à Port Jervi, j'ai compris qu'il n'y aurait aucune ferme dans les environs. Ici, les collines qui bordent le Delaware sont couvertes de forêts et descendent en pente raide jusqu'à la rive, laissant juste assez de place pour y loger un chemin sinueux jalonné de maisons éparses. Un épais nuage de brume planait au-dessus de la rivière ourlée de zones boueuses ou tapissées de fougères. À la fin du XVIIIe siècle, les arbres avaient quasiment tous été abattus. On les taillait en rondins qu'on laissait flotter jusqu'à Philadelphie, où ils étaient transformés en bois de construction ou en mâts pour les bateaux anglais. (À une époque, le roi d'Angleterre s'était approprié tous les grands arbres situés à moins de quinze kilomètres de toute rivière navigable.) Depuis, la nature a largement repris ses droits : aujourd'hui, on coupe les arbres pour faire du feu, et les seuls à descendre le Delaware sont des vacanciers en rafting.

La grange ne convenait pas ; le plancher était absent en plusieurs endroits, et le loyer trop élevé pour une telle bâtisse. Mais je suis tombé amoureux du coin. Nous nous sommes arrêtés dans un motel-restaurant pour prendre un sandwich et j'ai consulté les annonces immobilières de la région sur mon téléphone. Lorsque j'ai vu le croquis sur le site de l'agence, j'ai su immédiatement. À quatre kilomètres en amont, vingt hectares de forêt étaient à vendre. Un chemin de terre serpentait au milieu de noyers blancs et menait à une sorte de remise en bois sans eau ni électricité. En contrebas de la cabane se trouvait un ruisseau courant vers le Delaware. Ses rives étaient plantées de pins blancs séculaires défiant les lois de la gravité, leurs racines apparentes s'accrochant aux pierres humides et moussues mises à nu par l'érosion.

En 2011, les habitants de Beaver Brook ont construit un pont suspendu à partir de pin Douglas imprégné sous pression et de matériel pour tyrolienne.

Au mois d'août de la même année, je suis parti camper avec ma femme, Court, et deux douzaines d'amis sur notre nouvelle propriété. Des rafteurs nous ont suivis sur cinq kilomètres depuis le marché du village, pensant pouvoir participer à une fête. Nous leur avons proposé de rester et nous avons tous passé la journée à nettoyer la remise et à monter un jacuzzi en bois, que nous avons rempli avec l'eau du ruisseau. Tandis que certains faisaient hurler les tronçonneuses pour tailler des bouleaux et constituer notre première réserve de bois pour le feu, d'autres arrachaient des pierres aux flancs de la colline afin de créer un chemin entre le ruisseau et la cabane. Le soir, nous avons fait cuire des épaules d'agneau dans des cocottes recouvertes de braises. La cuisson a duré bien plus longtemps que prévu et nous avons fini par manger à la lueur de nos lampes frontales après le coucher du soleil. Plus tard, nous nous sommes entassés dans l'unique pièce de la cabane et nous avons écouté Jace Cooke lire à haute voix, allongés sur des couvertures en laine. Après un bain dans l'eau du jacuzzi chauffée au bois, je me sentais détendu et je regardais mes amis réunis autour de moi. Ce week-end a marqué le début des meilleures années de ma vie.

Avec quelques autres, nous partageons toujours Beaver Brook («la Rivière des castors», en français), qui doit son nom à son fonctionnement participatif. C'est là que nous nous émerveillons de la splendeur de la nature, que nous nous adonnons à l'architecture, à l'art et à la cuisine. Là que nous apprenons à vivre en communauté et à développer de nouveaux savoir-faire; là que nous — une diaspora de proches et d'amis — savourons la joie d'être ensemble. Richesses et manques s'y côtoient : des truites juste assez grosses pour être consommées; chaque été, une convention internationale de lucioles; l'hiver, d'innombrables empreintes d'écureuils et de traces de raquettes sur le ruisseau gelé. La plupart des bâtiments ne disposent ni d'eau, ni d'électricité, ni d'isolation. Aucun réseau téléphonique (peu d'entre nous admettront avoir

La cabane de Scott, la première construction de la propriété, a été fabriquée à partir des éléments recyclés d'une vieille grange à la structure en bois.

cherché l'unique point en haut de la colline où l'on capte un peu). Le silence assourdissant y succède aux hurlements des bêtes. Et l'on trouve des excréments de rongeurs sur tout ce qu'on laisse à l'extérieur la nuit. Quoi qu'il en soit, nous ne changerions rien.

Au début du XIXe siècle, la propriété a été rasée pour être transformée en terre cultivable, mais la pauvreté du sol et les maigres récoltes ont eu raison des tentatives agricoles. On trouve encore dans les bois des murs de pierre qui marquent les limites de la ferme fantôme. Dans les années 1900, on a abattu de nouveau les arbres pour alimenter les entreprises locales qui fabriquaient de l'acide, du charbon de bois et de l'alcool méthylique. Depuis, le domaine s'est régénéré et s'est paré de forêts de feuillus et de résineux. Le sol dégage une délicieuse odeur de résine chauffée au soleil.

Le ruisseau s'écoule paisiblement la majeure partie de l'année, mais après un orage d'été, il se change en torrent furieux, éventrant la vallée et mettant au jour des rochers et des dalles de pierre bleue dans son lit, là où nous nous baignons. Durant ces orages, il n'est pas rare qu'un arbre branlant s'effondre à la faveur d'une bourrasque ou d'un coup de foudre. Le lendemain, nous nous employons à le découper en bûches pour le feu. Une fois, un arbre est tombé à l'emplacement parfait pour former un pont entre les deux rives du ruisseau. Bien que terriblement glissant, il a constitué notre seul moyen de traverser pendant un été. Mais, après la chute de l'un des nôtres, nous avons remplacé le tronc par un pont suspendu fabriqué à partir de matériel pour tyrolienne. Depuis, nous n'avons eu à déplorer aucune nouvelle blessure.

Cela fait cinq ans que nous avons investi Beaver Brook et nous avons mis en place un protocole — avec quelques règles et devoirs — pour ceux qui souhaitent y résider. Cela consiste à venir travailler dur en échange du gîte et du couvert et, une fois que nous sommes convaincus que le postulant a du cœur et qu'il possède une véritable éthique de travail, nous l'invitons à nous rejoindre. Certains mois, nous ne venons que le week-end, mais nous nous rattrapons durant l'été. En règle générale, il y a toujours au moins une personne qui vit ici à l'année. Ensemble, nous avons pensé et fabriqué différentes commodités. Nous disposons de cinq abris, un dortoir pour les grands rassemblements, un sauna chauffé au bois, diverses cabanes à outils, plusieurs remises et un enclos pour y déposer nos excréments compostés, bien que l'endroit nous serve essentiellement à stocker du bois.

Mes amis Brian Jacobs et Grace Kapin ont imaginé une cabane ambitieuse et s'y consacrent depuis plus de trois ans. Elle s'étend sur six mètres en surplomb d'un coteau et repose sur un soutènement conçu pour que les arbres sur lesquels il est fixé puissent bouger avec le vent. Le couple a réalisé les travaux lui-même, en venant les week-ends, et nous les avons seulement aidés à transporter les lourds matériaux de construction pendant l'été. Le parement de bois est enduit de goudron de pin et d'huile de lin, une technique développée à l'origine par les constructeurs de navires nordiques pour protéger le bois de l'humidité et de la rudesse du climat ; elle s'avère très efficace dans la région pluvieuse de Beaver Brook. La cabane ne manque pas d'originalité et ses trois fenêtres pivotantes de deux mètres cinquante de côté, qui offrent une vue aérienne sur le ruisseau, sont stupéfiantes. L'été, elles s'ouvrent pour laisser entrer l'air et le bruit du cours d'eau ; l'hiver, elles se referment pour garder à l'intérieur la chaleur fournie par le poêle à bois.

Plus récemment, nous avons mis en place la « Beaver Brook School », un stage annuel durant lequel une douzaine de participants viennent à Beaver Brook pour apprendre des techniques de construction. Depuis 2013, nous avons accueilli des stagiaires de dix-sept à soixante-dix ans venus du monde entier, notamment d'Halifax et d'Helsinki. En 2014, nos recrues quasiment dépourvues d'expérience ont abattu plusieurs arbres pour bâtir une cabane sur les souches de ces mêmes arbres à partir d'une technique japonaise de construction de charpente en bois.

Cabane en porte-à-faux.
Construction en cours.

Nous envisageons de proposer des cours à l'année et nous espérons que cela servira notre objectif, à savoir faire de Beaver Brook un modèle pour d'autres initiatives de ce genre visant à préserver l'environnement et à favoriser la vie en communauté. Il n'y a qu'un pas entre le rêve et la réalité; il suffit de regarder autour de soi pour chercher des idées.

Peu de temps après la création de Beaver Brook, j'ai réalisé une page Web appelée *Cabin Porn*. Avec quelques amis, nous avons rassemblé des photographies des constructions qui nous avaient inspirés : des cabanes bâties à la main, avec de l'imagination et des matériaux faciles à se procurer, et dont l'ingéniosité et la réalisation nous avaient impressionnés. Des cabanes construites par des êtres audacieux, qui ont appris sur le tas, et dont la détermination n'a jamais fléchi. Plus de dix millions de personnes ont visité le site depuis 2010 et douze mille contributeurs ont partagé leurs photos de cabanes avec nous.

Je ne suis pas étonné que *Cabin Porn* remporte un tel succès. Dans notre monde toujours plus tourné vers la technologie, il est urgent de redécouvrir la beauté de la nature. Les photos de cabanes donnent souvent l'impression qu'on peut revenir aisément à la vie «sauvage». Ce n'est pas exactement le cas, mais ces images ont surtout l'avantage, à mon sens, de nous rappeler que nous possédons en chacun de nous une maison qui ne demande qu'à être construite pour peu qu'on s'en donne les moyens.
Il est très gratifiant de découvrir que l'on peut créer son propre logis et offrir l'hospitalité aussi simplement. J'espère que de plus en plus d'adeptes auront la joie de relever le défi à leur tour. Les outils n'ont jamais été plus abordables et les méthodes sont toujours plus accessibles. Des communautés, réelles et en ligne, sont là pour nous aider à trouver des mentors et des modèles qui nous montrent ce que nous sommes capables de réaliser de nos mains.

— Zach Klein

Le dortoir a été construit à partir des éléments récupérés d'une grange de Pennsylvanie.

La majeure partie du sauna chauffé au bois a été construite en dix jours par des novices.

CI-DESSUS Le poêle est alimenté depuis l'entrée pour éviter que des débris ne pénètrent dans le sauna.

CI-CONTRE L'extérieur est bardé de bois enduit de goudron de pin.

PAGE DE DROITE Pour l'intérieur du sauna, les résidents de Beaver Brook ont choisi du bois de cèdre noueux, un matériau imputrescible peu coûteux. Les bancs sont amovibles, afin de faciliter le nettoyage.

Le jacuzzi chauffé au bois est rempli d'eau du ruisseau. En été, il faut environ deux heures pour que la température de l'eau monte à 40 °C.

CABANES ISOLÉES

1

CABANES ISOLÉES

Un père et son fils assemblent un abri rustique à des kilomètres de toute route praticable.

Comment construire un refuge loin de tout

Pine Valley, Californie, États-Unis

En septembre 1976, Jack et Mary English partirent chasser avec leur fils de quatorze ans, Dennis, dans les bois à l'est de Big Sur, en Californie. Constituée de soixante-dix hectares de forêts, de vallées secrètes, de massifs accidentés et de sources chaudes, la réserve naturelle de Ventana est située dans une zone connue pour abriter la plus importante population de pumas de Californie, ainsi que des sangliers, des dindes et des cervidés en abondance. Pendant que Jack et Dennis traquaient le cerf, Mary rencontra un groupe de randonneurs qui observaient leur environnement avec un vif intérêt. Ils expliquèrent avoir vu une annonce dans le journal local : un terrain de deux hectares était à vendre aux enchères au cœur de la réserve naturelle, dans un lieu nommé Pine Valley. Les promeneurs venaient de trouver l'endroit exact. Au retour de Jack et Dennis, Mary leur apprit la nouvelle. « Quelqu'un va acheter cette terre, affirma-t-elle. Et ce quelqu'un, ce sera nous. »

Jack connaissait Pine Valley depuis 1930. Il avait onze ans à l'époque, quand sa famille avait commencé à l'y emmener pour faire de la randonnée, camper,

Installée sur un terrain privé de deux hectares au cœur de la réserve naturelle, cette cabane n'est accessible qu'après dix kilomètres de marche sur un sentier de randonnée.

Jack English a commencé à construire sa cabane isolée au cœur de la réserve naturelle de Ventana en 1976.

chasser et pêcher des truites arc-en-ciel. Ils vivaient dans une ferme à quatre-vingts kilomètres au nord à vol d'oiseau. Entourée d'une forêt de pins ponderosa, Pine Valley n'est accessible qu'à pied ou à cheval par deux sentiers poussiéreux qui s'enfoncent et serpentent sur dix kilomètres à travers les montagnes de Santa Lucia. Vers 1880, après la mise en place du *Homestead Act*, des colons avaient commencé à s'approprier soixante-cinq hectares de terre dans Pine Valley et tout autour. Mais au fil des ans, les familles avaient revendu leurs parcelles inusitées à l'office national des forêts. À force d'arpenter la région, Jack avait repéré un terrain de six hectares qui l'intéressait beaucoup. Il se situait le long d'un cours d'eau, près de pâturages ensoleillés, en contrebas d'une imposante formation de grès qui luisait au clair de lune. Les ruines d'une ancienne masure s'y trouvaient, mais personne n'habitait là depuis des années. Alors, en 1936, à dix-sept ans, Jack avait contacté la propriétaire. Elle refusait de vendre à moins de 2500 $ par hectare (pour la totalité des six hectares, cela équivaudrait à près de 260000 $ aujourd'hui). « O.K., j'abandonne », s'était dit Jack.

Après avoir servi dans l'armée pendant la Seconde Guerre mondiale, Jack était rentré chez lui et il avait trouvé un emploi de charpentier. C'est à cette époque qu'il avait rencontré et épousé Mary, la fille d'un éleveur de cochons plutôt sanguin qui descendait d'Abraham Lincoln. « C'était une jolie fille, se souvient Jack. Un mètre soixante pour quarante-huit kilos, et elle n'a jamais changé. » Avec celle qu'il surnommait *Scrumptious* (« délicieuse »), il chassait sur les terres reculées de l'Alaska et du Canada. Jack avait construit une maison pour eux à Soquel, à deux heures de route de Pine Valley et ils faisaient souvent le trajet. Et dès que leur fils avait eu six mois, ils l'avaient emmené avec eux. Le temps que Dennis devienne adolescent, la famille avait arpenté les chemins de Pine Valley et y avait campé un nombre incalculable de fois. Alors, en ce jour de 1976, quand Jack et Mary eurent l'occasion d'acquérir un arpent de terre ici, ils n'hésitèrent pas.

Après avoir dépecé et emballé le cerf tué par Jack, tous trois refirent les dix kilomètres de piste en sens inverse jusqu'à leur Coccinelle Volkswagen verte de 1966 et retournèrent en ville. Ils se procurèrent le journal local et trouvèrent l'annonce. Peu après 1936, quand Jack avait tenté d'acheter le terrain de six hectares, la parcelle avait été réduite à deux hectares. La propriétaire venait de décéder et ses descendants liquidaient ses propriétés. Lors de la vente, quatre enchérisseurs étaient présents. Jack et son frère, Phil, firent une proposition à 11 000 $, soit presque trois fois l'enchère suivante la plus proche.

Quelques semaines plus tard, Jack se mit en tête de construire une cabane digne de ce nom sur son nouveau terrain. Phil ne comprenait pas pourquoi son frère ne se contentait pas d'y installer des tentes pour camper. La parcelle se trouvait à des kilomètres de la première route accessible en camion. Il faudrait rassembler le bois et découper toute la charpente sur place, ce qui impliquait de transporter les outils, l'équipement et tous les matériaux à cheval ou à dos d'homme. Jack voulait installer sa maisonnette juste en dessous de la formation de grès, mais Phil craignait que des éboulis ne viennent endommager l'habitation. Les deux frères se disputèrent, mais Jack resta sur ses positions. Il s'assit et dessina les plans d'une cabane rustique de type colonial avec une grande pièce principale et une petite salle de bains.

À l'automne 1976, Jack et Dennis commencèrent à transporter du matériel jusqu'à Pine Valley. Ils montèrent une tente en toile datant de la Première Guerre mondiale et y installèrent des matelas de fortune, des sacs de couchage, des lanternes et des lampes de poche, guère plus. Pour s'approvisionner en eau, ils se rendaient à une source naturelle à trois cents mètres de là. Ils préparaient leurs repas sur place à partir du fruit de leur pêche ou de leur chasse.

Le vendredi après le travail, Jack chargeait son pick-up et partait avec Dennis pour le camping le plus proche de leur propriété. Ils arrivaient sur les coups

Le bois de charpente a été coupé et taillé sur place. Tous les outils ont été empaquetés et acheminés à dos d'homme ou à l'aide d'une brouette.

Les pieds de glycine qui courent le long du porche, à l'avant de la cabane, ont été plantés dans les années 1990. Les premières fleurs sont apparues au printemps 2013.

de vingt heures trente et garaient leur véhicule sur le parking. Ils partaient ensuite à pied vers Pine Valley, qu'ils atteignaient vers vingt-deux heures trente. Chaque voyage était méticuleusement planifié afin qu'ils n'aient jamais plus d'un aller-retour par week-end à faire jusqu'au camion. À l'aide d'un tamis bricolé à partir d'un cadre en bois et d'une grille en métal, Jack se mit à former deux tas distincts près du ruisseau : l'un de gravier, l'autre de sable. Il versait ensuite les matériaux dans de gros bidons et, avec Dennis, il les transportait jusqu'au site.

Chaque fois que Jack trouvait une pierre plus imposante dont l'apparence lui plaisait, il la ramassait et la déposait sur une pile près de leur tente. De même, s'il repérait une jolie pierre sur le sentier de randonnée, il la plaçait dans son sac et l'emportait à Pine Valley.

Tous les week-ends, le père et le fils apportaient davantage d'outils et de matériel. Une fois, Jack déplaça une énorme tronçonneuse à chaîne de douze kilos sur son dos, tandis que Dennis portait les deux têtes de la tronçonneuse, pesant chacune dix kilos. Lorsque quelque chose était trop lourd ou encombrant pour qu'ils puissent le prendre sur leur dos, comme un générateur à gaz, ils utilisaient une brouette ou un chariot improvisé. Au cours de leurs très nombreux trajets, Jack et Dennis transportèrent sur leur dos plusieurs centaines de mètres de fer à béton par fagots de quarante kilos chacun. Ils enveloppaient les extrémités du paquet de trois mètres cinquante de long dans de la mousse, puis les deux hommes plaçaient chacun une extrémité sur une épaule et ils avançaient sur le chemin. « Avec les cahots sur le sentier, le fer nous lacérait les épaules, se rappelle Dennis, qui était en ce temps-là un adolescent efflanqué. On avait très vite mal, alors on passait les tiges sur l'autre épaule, et on recommençait sans cesse. » Sur le site des travaux, les piles de fer à béton grossissaient de même que les tas de sable et de gravier. « Je savais que tout ce dur labeur me rendait plus fort », assure Dennis.

Avant la fin de l'année, Jack et Dennis avaient abattu plusieurs grands pins ponderosa morts depuis peu ou infestés par un parasite local. Et, au printemps suivant, ils commencèrent à fabriquer la charpente. Pour faire sécher le bois, ils construisirent des grilles à l'aide des fers à béton et ils posèrent les planches dessus, en les espaçant avec des bâtons afin que l'air puisse circuler entre elles. En attendant qu'elles soient utilisables, les deux hommes continuèrent à s'activer. La collection de pierres de Jack ne cessait de croître.

Quand ils eurent assez de gravier et de sable, ils apportèrent une quantité considérable de ciment. Pour ce faire, une fois, ils eurent même recours à une dizaine de mules et de chevaux, chaque bête portant deux sacs. Jack prépara alors son propre mortier. Il coula les fondations des murs et le socle pour la cheminée avec du béton, consolidé par des fers. Les fondations étaient terminées au printemps 1977. L'été suivant, les deux hommes finirent l'ossature, et montèrent les murs extérieurs ainsi que la toiture.

Durant les trois années qui suivirent, la famille passa presque tous ses week-ends à Pine Valley. Mary créa le jardin. Elle planta des framboisiers, des mûriers et de la vigne, ainsi que divers arbres fruitiers. Jack, lui, poursuivit ses efforts à l'intérieur de la cabane. Un jour, il trouva un chêne noir tombé à terre à quatre cents mètres et, sachant que le bois serait à la fois beau et durable, il convainquit son frère Phil de l'aider à transporter sa mini-scierie mobile jusqu'à l'arbre. Jack s'en servit pour réaliser le parquet de la cabane et, avec un morceau plus gros, le manteau de la cheminée. Pour effacer les marques laissées par la tronçonneuse, Jack travailla la surface à l'aide d'une hache et d'une herminette. La technique consiste à frapper le morceau de bois à la hache pour former une série d'entailles transversales parallèles. Ensuite, on utilise l'herminette pour les lisser. Cette tâche occupa Jack pendant près de trois heures. Il utilisa la même méthode pour les poutres du plafond, ce qui lui prit encore plus de temps.

Lorsqu'il était adolescent, Dennis English a aidé son père à construire une petite cabane dans la vallée en contrebas.

Un portrait de la femme de Jack English, Mary, surnommée *Scrumptious*, trône sur le manteau de la cheminée, taillé dans du chêne noir. Pour obtenir cet aspect fait main, Jack a entaillé le bois à l'aide d'une hache, puis a lissé les entailles avec une herminette.

CI-CONTRE En 1976, les autorités stipulaient que les dimensions des poutres porteuses soient calculées par un ingénieur. Jack a fait appel à un ami, qui a fait les calculs en une après-midi. Coût de l'opération : 75 $.

PAGE DE DROITE La cuisinière à bois a été transportée jusqu'à la cabane par hélicoptère pour 250 $.

QUICK
MEAL

Le bardage extérieur n'a jamais été poncé, les traces laissées par les lames de la tronçonneuse sont donc toujours visibles.

PAGE DE DROITE Jack English a passé des années à ramasser des pierres dans les ruisseaux et le long des chemins afin d'en orner la cheminée.

Une fois les quatre couchettes montées, les fenêtres en place et la cuisine opérationnelle, Jack s'attela, petit à petit, au parement en pierres de la cheminée, du foyer et des fondations. Il disposait d'une grande quantité de pierres glanées dans le lit des rivières et les chemins de toute la vallée. Ce travail était purement esthétique, mais il venait apporter une touche finale soignée à la hauteur de la beauté naturelle de ce lieu que Jack chérissait entre tous. Il posa la dernière pierre sur sa cabane en 1980.

Cette même année, Jack et Mary commencèrent à prolonger leurs séjours à Pine Valley. Il leur arrivait d'y passer un mois entier, juste tous les deux. Désormais à la retraite, Jack n'était plus tenu de rester éloigné de la cabane. Il se mit à fabriquer des archets pour violoncelle, violon, alto et contrebasse. Au milieu des bois, le temps semblait s'arrêter. Depuis les années 1950 déjà, Jack ne se sentait plus en phase avec la société moderne. Avec l'avènement du mercantilisme, il avait l'impression que les gens se détournaient des travaux des champs, de la construction et des activités manuelles.

N421RK

Il trouvait que les produits perdaient en qualité. « Je me moque du progrès. J'aimerais mieux revenir en arrière. Ma femme était comme moi, explique Jack. Depuis qu'elle n'est plus là, rien n'est plus comme avant. »

Mary mourut en 2001, à l'âge de soixante-dix-huit ans. Peu de temps après, Jack décida de vivre dans la cabane la majeure partie de l'année. Leur maison de Soquel lui rappelait trop Mary et il ne supportait pas de rester éloigné de Pine Valley. Il partait seul et restait au milieu des bois pendant un mois, puis il retournait en ville pour faire des courses, payer ses factures et rendre visite à Dennis et à ses petits-enfants. Jack conservait les cendres de Mary dans une petite boîte en carton qu'il emportait partout avec lui. « Il ne voulait pas entendre parler d'une urne, s'amuse Dennis, parce qu'elle aurait été trop lourde à transporter. »

C'est à cette époque que Jack devint une légende parmi les randonneurs. Bien que la propriété fût entourée de deux clôtures, Jack ne les fermait jamais. Les visiteurs étaient toujours les bienvenus. Une année, à Thanksgiving,

Jack English a fait le trajet de dix kilomètres à pied pour la dernière fois la veille de son quatre-vingt-treizième anniversaire.

PAGE DE GAUCHE, EN HAUT Le départ du sentier de randonnée qui mène à la cabane se fait en bas d'un chemin de terre sinueux.

PAGE DE GAUCHE, EN BAS Un pilote d'hélicoptère emmenait gracieusement Jack jusqu'à sa cabane chaque fois qu'il en avait envie.

un campeur surpris par la pluie trouva refuge dans la cabane. Jack lui offrit à manger et lui permit de rester au chaud dans son humble logis. Pendant les huit années qui suivirent, le campeur reconnaissant revint à Pine Valley à chaque Thanksgiving pour lui apporter son repas en personne.

Les années passant, Jack commença à souffrir d'arythmie cardiaque malgré sa bonne santé générale. Dennis décida alors d'accompagner son père chaque fois qu'il partait pour Pine Valley ou en revenait. Jack fit le trajet à pied pour la dernière fois en 2012, la veille de son quatre-vingt-treizième anniversaire. Il lui fallut trois heures quinze pour effectuer la randonnée; la plupart des marcheurs débutants n'en feraient pas autant!

Peu de temps après, Jack fut victime d'une crise cardiaque. Une fois son père sorti de l'hôpital, Dennis lui proposa de venir vivre chez lui, à Soquel. Mais, tous les mois, Dennis faisait en sorte que Jack puisse revenir dans sa cabane, au cœur de Pine Valley. Un pilote d'hélicoptère emmenait bénévolement Jack pour un vol de vingt minutes afin qu'il puisse y passer une nuit ou deux. Dennis, alors âgé de cinquante-trois ans, créa un héliport dans une clairière à moins de cent mètres de la cabane.

En mai 2014, après avoir atterri, Jack marcha lentement vers la cabane qu'il avait construite quarante ans auparavant, sur une terre découverte il y a plus de quatre-vingts ans. Il s'assit devant le porche, près de l'atelier qui avait vu naître des dizaines d'archets. « C'est un bel endroit pour mourir, souffla Jack, alors âgé de quatre-vingt-quatorze ans. Je sais que mes jours sont comptés maintenant, mais qu'importe. J'ai eu une belle vie. » Il regarda autour de lui avant d'entrer dans la cabane.

En 2011, d'énormes rochers de grès se sont détachés de la paroi et ont dévalé une colline située à cinq minutes à peine de là. Mais, jusqu'à aujourd'hui, aucun rocher n'a effleuré la cabane construite par Jack et Dennis. Jack s'est éteint en 2016.

GALERIE PHOTOS

Grotli, Norvège
PHOTO PARTAGÉE PAR
Anka Lamprecht & Lukas Wezel

Cabane à Kärkevagge, Laponie suédoise
PHOTO PARTAGÉE PAR Henrik Bonnevier

Patagonie, Argentine
PHOTO PARTAGÉE PAR
Dr Julius Christopher Barsi

Juste en dehors de Leadville,
Colorado, montagnes Rocheuses, États-Unis
PHOTO PARTAGÉE PAR Taylor L. Applewhite

ESPRESSO

Lac Écho, territoire du Yukon, Canada
PHOTO PARTAGÉE PAR Peter Turner

Cabane en bois de tsuga à Rossland,
Colombie-Britannique, Canada
PHOTO PARTAGÉE PAR Tyler Austin Bradley

DOUBLE-PAGE PRÉCÉDENTE Kulusuk, sud-est du Groenland
PHOTO PARTAGÉE PAR Haukur Sigurdsson

La bicoque d'Axel dans la vallée
de l'Huon, Tasmanie
PHOTO PARTAGÉE PAR Tom Powell

Refuge constitué de bois flotté, de pierres et de débris venus de la mer dans le nord de la Norvège, au-delà du cercle arctique
PHOTO PARTAGÉE PAR Inge Wegge & Jørn Nyseth Ranum

DOUBLE-PAGE SUIVANTE Maisonnette sur une île proche de Nora, Suède
PHOTO PARTAGÉE PAR Jonas Loiske

HARVEST

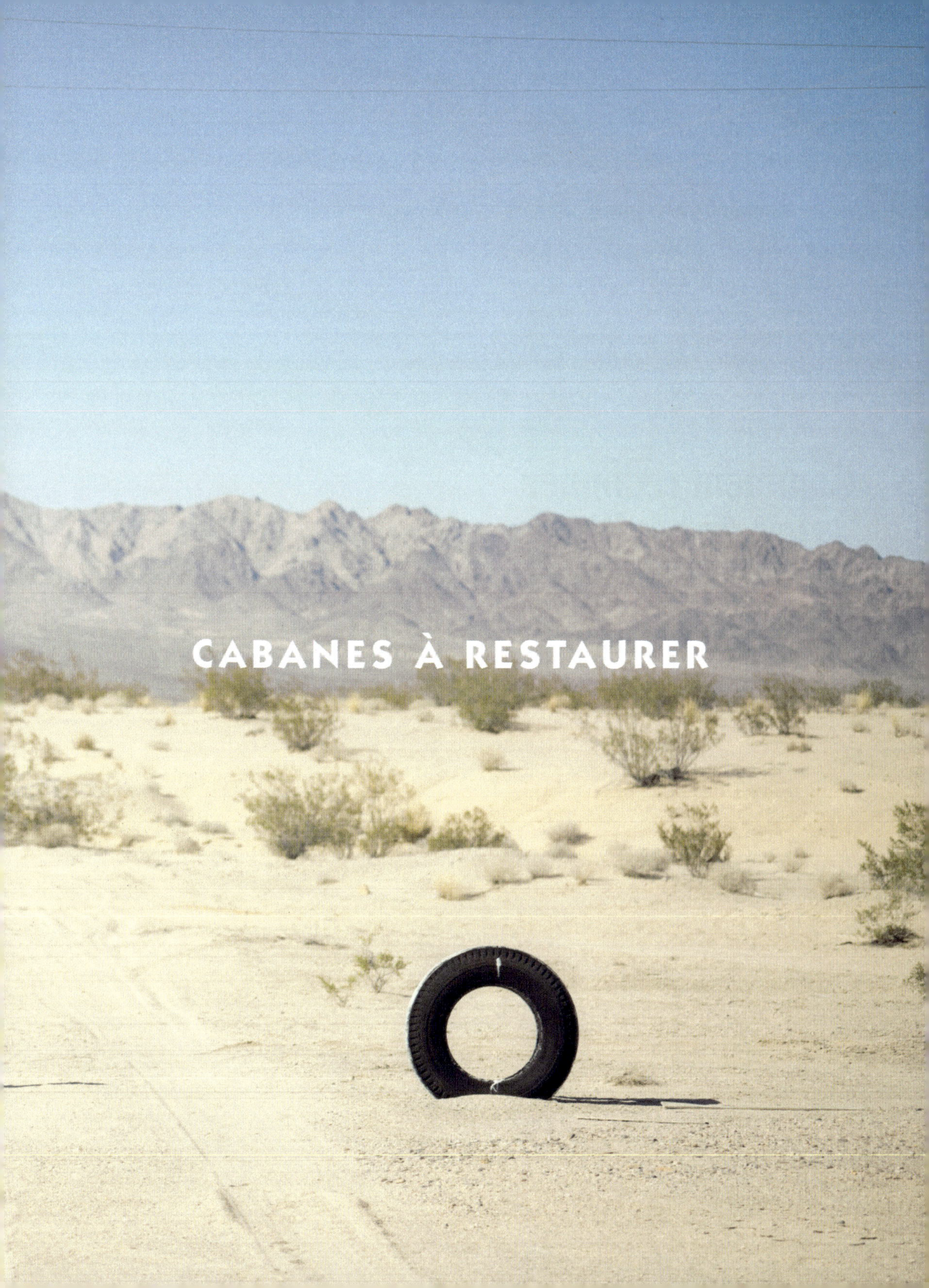

CABANES À RESTAURER

2

CABANES À RESTAURER

Un couple restaure une bicoque délabrée dans le désert.

Comment redonner vie à un pavillon

Wonder Valley, Californie, États-Unis

Lorsque Lisa Sitko et Douglas Armour avisèrent le pavillon parmi les annonces de l'agence immobilière, ils se regardèrent : jamais ils n'achèteraient ce taudis. La peinture écaillée, les fenêtres cassées et la vieille caravane branlante plantée sur des parpaings juste à côté n'avaient rien d'engageant. De plus, un poteau électrique trônait juste en face de la structure, obstruant le paysage. Mais, comme la propriété ne se trouvait qu'à vingt minutes en voiture, Lisa et Douglas décidèrent d'aller la voir de leurs propres yeux.

En ce mois de mai 2006, Lisa et Douglas arpentaient Wonder Valley, en Californie, bien décidés à trouver un terrain avec une cabane à rénover. Située dans le désert de Mojave au nord du parc national de Joshua Tree dans une cuvette de sable entourée de montagnes escarpées et arides, Wonder Valley abrite des centaines de petites habitations aujourd'hui abandonnées qui ont poussé comme des champignons dans les années 1950. Après la promulgation du *Small Tract Act* en 1938, le *Bureau of Land Management*, en charge de la gestion du territoire aux États-Unis, avait divisé en parcelles plusieurs milliers d'hectares de désert

Lisa et Douglas entreposent devant la cabanele matériel qu'ils récupèrent au fur et à mesure.

jusque-là propriété de l'État et avait mis en vente deux types de terrains — de deux hectares et un hectare — moyennant 5 à 10 $ par hectare, à une condition : les futurs propriétaires devaient s'engager à bâtir une structure d'au moins trois mètres cinquante sur cinq sur le terrain. Des milliers d'habitants du sud de la Californie, surtout des vétérans de la Seconde Guerre mondiale et des banlieusards, s'étaient rués dans le désert pour obtenir une parcelle et y construire de petites cabanes à bas coût pour les vacances. Cependant, la température peut facilement atteindre les 50 °C dans cette zone et les vents violents soulèvent régulièrement des tempêtes de sable dans la vallée. Bien vite, de nombreux propriétaires avaient abandonné leurs terres, laissant leurs abris en proie aux éléments. Désormais, la région fourmille de bicoques dans un état de délabrement plus ou moins avancé : certaines sont barricadées, d'autres ont carrément brûlé. On voit partout des dalles de béton craquelées entourées de débris.

Lisa et Douglas avaient découvert Wonder Valley en 2001 à l'occasion d'un séjour de gardiennage dans la maison secondaire d'un ami photographe. À cette époque, ils vivaient à Los Angeles. Au cours des quatre mois qu'ils avaient passés à Wonder Valley, ils étaient tombés amoureux des levers de soleil intenses dans le désert, du ciel nocturne somptueusement illuminé et des grands espaces à perte de vue. Ils avaient commencé à voir différemment cet écosystème aride et inhospitalier. « Au début, on a l'impression que tout est mort et que rien ne peut vivre ici, mais peu à peu, on décèle la vie partout, s'émerveille Lisa. Plus on passe de temps ici, plus nos sens se développent. » Ils avaient remarqué des nids d'oiseaux en haut des poteaux téléphoniques et surpris l'éclosion de fleurs du désert violettes. Ils avaient aperçu des coyotes au crépuscule, mais aussi des serpents, des scorpions et des uropyges (des arachnides à l'apparence de scorpions dotées de pinces acérées). Lisa et Douglas envisageaient d'acheter un terrain à Wonder Valley, mais ils avaient dû partir

La Wonder Valley, dans le désert de Mojave, abrite des centaines de petites habitations aujourd'hui abandonnées qui ont poussé comme des champignons dans les années 1950.

pour New York, puis Berlin et Détroit. Cependant, à leur retour à Los Angeles en 2004, ils s'étaient empressés d'acheter des cartes routières du désert pour se mettre en quête d'une propriété.

C'est ainsi qu'ils prirent la route avec leur Ford Ranger pour la bicoque repérée à l'agence. En s'en approchant, ils constatèrent que l'habitation était perchée à l'endroit le plus élevé du terrain. La vue en direction de l'est, à l'opposé du poteau électrique, était impressionnante. Après avoir fait le tour des lieux, Lisa et Douglas dressèrent le bilan. La maison était constituée d'une structure en béton de quarante mètres carrés datant de 1958 et d'une extension d'un peu moins de trente mètres carrés. Le pavillon était dépourvu de porte d'entrée. À l'intérieur, une épaisse couche de sable et de poussière recouvrait tout. La moquette à poil long bordeaux était décolorée par le soleil et tachée. Les appareils ménagers, notamment un réfrigérateur rouillé, étaient hors d'usage. Le long du mur, à l'arrière, courait une sorte de petit passage couvert construit à la va-vite avec du contreplaqué. Il reliait la maison à la caravane, qui était remplie d'animaux en peluche. Le lavabo de la salle de bains débordait de lapins roses et de nounours. Plus tard, Lisa et Douglas apprirent que, dans des régions isolées comme Wonder Valley, il est plus facile d'utiliser une caravane équipée d'un broyeur que d'installer de vrais sanitaires. Mais si la maison ne disposait pas de salle de bains à proprement parler, elle avait l'électricité, ce qui permettrait à Douglas d'utiliser son matériel électrique. « C'est celle-là », décidèrent-ils. Le soir même, ils firent une offre.

Deux semaines plus tard, leur camion bringuebalait sur le chemin de terre qui mène à la propriété. Au loin, ils aperçurent une rivière qui ne se trouvait pas là la fois précédente. Une crue soudaine avait fait naître un cours d'eau hurlant de six mètres de large et d'un mètre de profondeur juste en bas de leur allée. Ils comprirent alors pourquoi le précédent propriétaire avait placé à l'entrée de la propriété un vieux pneu

Lisa Sitko et Douglas Armour ont commencé à rénover leur pavillon en 2006.

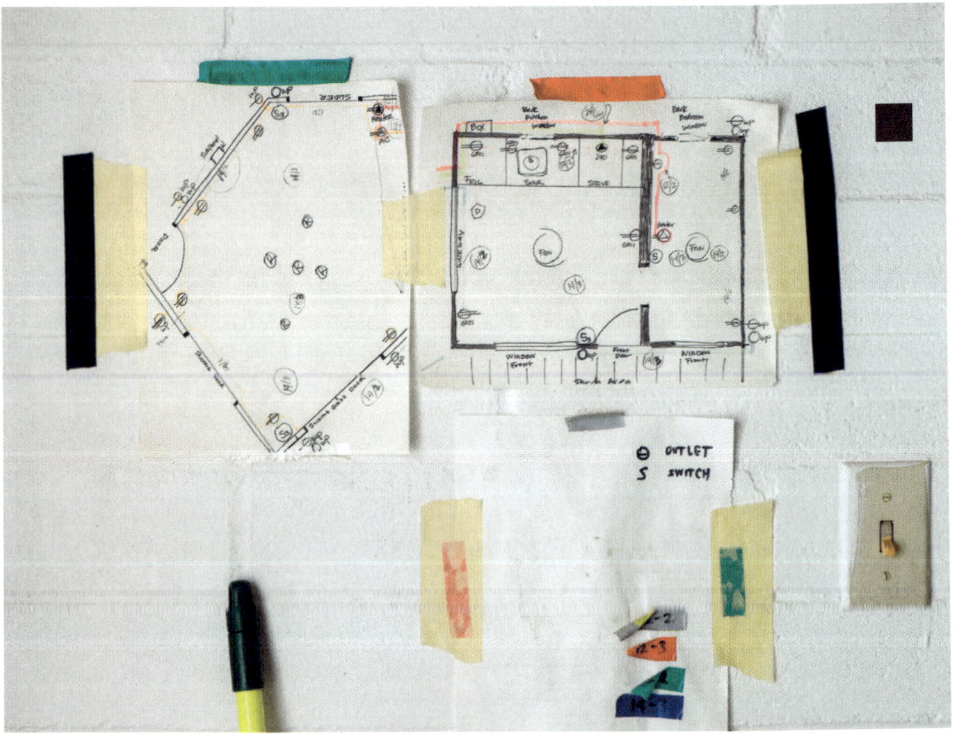

Croquis du système électrique.

PAGE DE DROITE Les propriétaires ont mis cette extension aux normes en posant des montants et des chevrons supplémentaires.

sur lequel il avait peint les mots *high 'n' dry* («haut et sec»). La bicoque se trouve, littéralement, sur un terrain haut et sec. «Fonce!» cria Lisa. Douglas recula, fit rugir le moteur du Ranger, puis accéléra. Le camion réussit à passer le cours d'eau. Plus tard, après avoir étudié les schémas classiques des inondations dans la région, ils comprirent que leur propriété se situait à l'endroit exact où plusieurs cours d'eau impromptus convergeaient en cas de fortes précipitations. Il arrive même que des rivières éphémères se rejoignent pour former un petit lac.

Lisa et Douglas commencèrent par répartir les éléments trouvés à l'intérieur du pavillon en trois piles : «utilisable», «sympa à garder sous la main» et «à jeter». Ils œuvrèrent pendant des heures sous la chaleur accablante pour remplir pas moins de quarante-cinq sacs à gravats. Et il leur fallut au moins quinze allers-retours jusqu'à la déchetterie, située à quinze kilomètres de là, pour se débarrasser de tous les déchets. Douglas abattit l'appentis entre la caravane et la maison; il lui en coûta 300 $ pour le faire évacuer hors du terrain. Sous la moquette, ils eurent la surprise de découvrir une chappe intacte. Ils achetèrent trois fenêtres et une baie vitrée coulissante. Mais avant de démonter le châssis existant pour monter les fenêtres, Douglas aperçut des nids d'oiseaux dans les murs. Il ne les retira qu'une fois sûr que tous les œufs avaient éclos.

Après un mois de travail épisodique, le couple posa une portée d'entrée, trouvée par Douglas dans une ressourcerie de l'est de Los Angeles pour 75 $. Quel grand moment, pour eux, que de pouvoir fermer leur maison à clé pour la première fois! Enfin, ils purent commencer à s'installer. Ils creusèrent

un brasero à quelques mètres de la maison et à l'arrière, à une trentaine de mètres, ils fixèrent trois planches entre elles pour former des toilettes extérieures. Laissant parler sa fibre artistique, Lisa créa des amas décoratifs de poteries brisées et de verre dans le sable. Pourtant, ils ne pouvaient ignorer le caractère peu orthodoxe de la structure, qui forme un bâtiment à sept faces. « C'est une configuration bizarre, reconnaît Douglas. Je n'aurais jamais fait ça. Mais on voit le soleil se lever depuis la chambre et il se couche à l'arrière. »

Pour la suite, le couple n'avait ni plan, ni budget, ni programme. Ils décidèrent de prendre le temps de s'acclimater à l'espace et de faire des travaux quand il leur semblait que c'était le moment. Souvent, cela consistait à attendre qu'ils trouvent quelque chose qui les inspirait. « Notre approche consiste clairement à faire des choses avec le matériel qui nous tombe sous la main », explique Douglas, un musicien qui travaille comme menuisier et qui est souvent amené à monter des structures pour des campagnes publicitaires.

En 2007, il fut engagé par une entreprise de bois de construction qui souhaitait mettre en avant ses nouvelles planches de parement résistantes aux intempéries en montrant des photos avant/après. Douglas fabriqua donc un mur où l'on voyait de vieilles lames de bois non traitées accolées aux planches pimpantes en matériau composite de la société. À son avis, les anciennes planches avaient bien meilleure allure. Après la séance photo, comme on lui demandait de les jeter, il n'hésita pas : il les emporta sans attendre à Wonder Valley. Tout d'abord, il les tria par taille et par couleur, puis il passa une journée et demie à les clouer sur la façade du pavillon. Les pièces étant assez courtes, il n'avait pas la possibilité de recouvrir un pan entier de mur, ni en hauteur ni en largeur. Alors, il disposa les planches à quarante-cinq degrés pour former un motif de chevrons, en alternant les lames de bois clair et de bois sombre, sans avoir la moindre idée du type d'essence qu'il utilisait. Au fur et à mesure qu'il progressait, il envoyait des photos à Lisa, de retour à Los Angeles, pour qu'elle voie l'avancée des travaux.

Les planches de bois de récupération étant relativement courtes, il était impossible de recouvrir un pan entier de mur. Pour résoudre le problème, Douglas Armour a décidé de couper les planches et de les disposer en chevrons. Il refait les joints d'étanchéité régulièrement.

PAGE DE GAUCHE Une vieille caravane posée sur des parpaings était autrefois directement reliée à la structure au niveau de la baie vitrée.

Douglas Armour, à la fois musicien et charpentier, conserve des tonnes de matériaux qui pourraient lui être utiles un jour, pour peu qu'un projet germe.

Peu après, Douglas et Lisa organisèrent un week-end avec trente-cinq personnes à Wonder Valley. Pendant la journée, ils participaient tous aux activités proposées par le *High Desert Test Sites*, une organisation qui met en place des événements artistiques dans le désert. Le soir, ils se retrouvaient autour d'un feu de bois pour vider des fûts de bière avant d'aller dormir sous des tentes. Depuis, bon nombre de leurs amis sont revenus enregistrer des albums, filmer des clips vidéo ou simplement s'évader de la ville.

La maison a évolué lentement et Lisa et Doug ont amassé une quantité considérable d'éléments de récupération au fil des ans. Ils ont construit une terrasse avec un matériau composite que le soleil a abîmé au bout de quelques années, alors Douglas en a bâti une autre à partir de bois récupéré lors d'une campagne publicitaire. Une entreprise de jeans l'avait engagé pour construire une cabane avec du bois datant de 1902. Il y en avait pour plus de 9000 $. Douglas ne savait pas de quel type de bois il s'agissait, mais il trouvait sa patine superbe. Après la séance photo, on lui a demandé de détruire la cabane et de jeter le bois. Cette fois encore, il a préféré l'emporter à Wonder Valley et, au printemps 2014, il a passé deux jours à monter une nouvelle terrasse. À terme, Douglas et Lisa ont l'intention de la couvrir et d'installer une toiture constituée de tôle ondulée ou d'un treillage de bois. Ils comptent également la prolonger afin qu'elle fasse le tour de la maison. Ils rêvent de créer un espace où ils installeront trois structures de dix mètres carrés : une cabane pour les invités, un bureau, et une salle de bains qui viendra alimenter un système de traitement des eaux usées, lui aussi en projet. Mais rien ne presse. «Nous avons changé nos plans tellement souvent. Le fait de ralentir nous a permis de comprendre ce qui était vraiment important pour nous, confie Lisa. Beaucoup de gens s'imaginent que tout doit toujours être plus beau que ça l'est déjà. Alors que si on se contente de choses simples, on peut profiter plus vite de son chez-soi.»

Les deux ailes du bâtiment se rejoignent en formant un angle à 135 degrés. Depuis la chambre, située à gauche, le couple peut admirer le lever du soleil sans que rien n'entrave la vue.

GALERIE PHOTOS

Cabane abandonnée à Lucaston, Tasmanie, Australie
PHOTO PARTAGÉE PAR
James Bowden

Cabane « en A » abandonnée
à Bethel, Maine, États-Unis
PHOTO PARTAGÉE PAR Joshua Langlais

Cabanon, Madison County,
Missouri, États-Unis
PHOTO PARTAGÉE PAR John T. Foster

DOUBLE-PAGE PRÉCÉDENTE Allemagne,
près de la frontière autrichienne
PHOTO PARTAGÉE PAR Maria Polyakova

Mt. Judah, Glenorchy, Nouvelle-Zélande
PHOTO PARTAGÉE PAR Rustan Karlsson

Twentynine Palms, Californie, États-Unis
PHOTO PARTAGÉE PAR J. L. Kane

Réfection de la toiture d'une ancienne boulangerie
à Hosman, Transylvanie, Roumanie
PHOTO PARTAGÉE PAR Stefan Guzy

Vestfirðir, Islande
PHOTO PARTAGÉE PAR Kate Stokes

Maison en pierre de plus de deux cents ans à Linescio, Suisse. Elle a été rénovée en 2011 par Buchner Bründler Architekten. L'extérieur n'a pas été modifié ; l'intérieur a été entièrement reconstruit en béton coulé.
PHOTO PARTAGÉE PAR Ruedi Walti

Fermette aux abords de Berlin,
Maryland, États-Unis
PHOTO PARTAGÉE PAR Patrick Joust

Maison abandonnée, péninsule
du Cotentin, Normandie, France
PHOTO PARTAGÉE PAR Vincent Menu

CABANES RUSTIQUES

3

CABANES RUSTIQUES

Un couple construit une auberge dans le style du XVIIe siècle.

Comment bâtir une demeure hors du temps

Deer Isle, Maine, États-Unis

En cette année 2006, Dennis Carter n'avait qu'une certitude : les fondations du bâtiment seraient en pierre. Après des années à économiser et à tout organiser, il s'apprêtait à entamer la construction d'une maison sur sa propriété boisée de sept hectares sur Deer Isle, dans le Maine. Ce petit hameau côtier, uniquement accessible par bateau ou par un pont étroit, est connu pour ses homards et son sol granitique. D'ailleurs, les matières premières ayant servi à la construction du pont de Brooklyn et de la Smithsonian Institution, à New York, proviennent des carrières de la région. Dans les années 1990, Dennis avait monté son entreprise de maçonnerie après plusieurs années passées dans d'autres sociétés. Il aimait son activité, mais pour lui, il s'agissait surtout d'un moyen de réaliser son projet. Avant de s'installer à Deer Isle, il avait travaillé bénévolement pendant trois ans dans un hôtel rural de Brunswick, dans l'État de Géorgie, où les voyageurs dormaient dans des dômes géodésiques ou des cabanes dans les arbres construites à la main. Là-bas, il s'était aussi familiarisé avec l'agriculture biologique. Depuis, Dennis avait pour

Dennis Carter a reproduit les lucarnes à deux pans et l'étage en encorbellement typiques de l'architecture coloniale américaine.

ambition de créer son propre établissement durable, avec une habitation suffisamment spacieuse pour accueillir un grand nombre de voyageurs.

Très vite, il avait décidé de poser des fondations en granit, mais il ne savait pas exactement quel aspect donner à la structure. Il n'avait pas envie de quelque chose d'ultramoderne ni d'expérimental. Il appréciait la simplicité de l'architecture coloniale américaine, très courante dans sa Nouvelle-Angleterre natale. Mais en matière d'ossature en bois, il ne savait que choisir. Il ne voulait pas d'une structure traditionnelle qui nécessiterait une équipe importante ou l'usage d'une grue. Il souhaitait une charpente simple, mais suffisamment solide pour résister à l'épreuve du temps.

Alors, Dennis se rendit à la bibliothèque de Blue Hill, non loin de Deer Isle. Il consulta une dizaine de livres, mais rien ne l'inspirait vraiment, jusqu'à ce qu'il tombe sur un ouvrage d'Abbott Lowell Cummings intitulé *The Framed Houses of Massachusetts Bay, 1625–1725* («Les Maisons à ossature en bois dans la baie du Massachusetts, 1625–1725»). En tournant les pages au hasard, il trouva des photographies de la *Boardman House*, une maison à un étage bâtie vers 1687 à Saugus, dans le Massachusetts, et qui est encore intacte aujourd'hui. La vieille bâtisse et son imposante façade lui plurent tout de suite. Dennis observa les illustrations richement détaillées du livre, qui présentaient des hypothèses sur la manière dont la structure de la maison avait dû être montée. «J'avais une sensation de déjà-vu, se souvient Dennis, qui descend d'une longue lignée de constructeurs de bateaux, de charpentiers et de fermiers établis en Nouvelle-Angleterre depuis le XVIIe siècle. Mes ancêtres ont connu tout cela. Ils l'ont fait. Je le porte en moi.»

En étudiant les croquis, Dennis comprit comment il pourrait monter l'ossature par étapes, en installant une poutre après l'autre, plutôt qu'en cherchant à dresser des panneaux préassemblés. Après avoir lu l'ouvrage de Cummings du début à la fin, il poursuivit ses recherches. Il apprit ainsi qu'au cours du XVIIe siècle,

Dennis Carter a longtemps travaillé comme maçon dans le Maine avant de construire le Deer Isle Hostel.

les charpentiers venus d'Angleterre avaient testé de nombreux matériaux et techniques en Nouvelle-Angleterre, afin de s'adapter à leur nouvelle région. Et si des bâtiments à ossature en bois comme la *Boardman House*, construits avec des outils manuels basiques en fer et des techniques de menuiserie classiques, sont encore debout aujourd'hui, c'est parce qu'ils avaient été conçus pour durer. Mais à partir des années 1830, les charpentiers avaient commencé à construire avec des matériaux moins nobles et des méthodes plus expéditives, ce qui explique pourquoi tant de ces maisons ont dû être reconstruites ou démolies depuis.

Pour Dennis, c'était une évidence : il allait s'inspirer directement de la *Boardman House* — tant dans l'esthétique que dans les techniques de construction — pour bâtir son auberge. L'étage en encorbellement offrirait un gain de place sans modifier la surface au sol du bâtiment. En été, la partie en saillie ferait de l'ombre et rafraîchirait la bâtisse en empêchant la lumière et la chaleur de pénétrer par les fenêtres du rez-de-chaussée. En orientant l'auberge vers le sud, Dennis bénéficierait d'une climatisation naturelle l'été et d'un ensoleillement maximal l'hiver pour chauffer la maison.

Dennis s'attela alors à la découpe du bois pour la charpente. Il utilisa de l'épicéa rouge, un bois solide aux multiples propriétés, ainsi que des chutes de Douglas, un bois réputé imputrescible. Il étudia le livre de Jack Sobon *Build a Classic Timber Framed House* (« Construire une maison à ossature en bois classique ») et reçut les conseils de Jim Bannon, un professionnel du sujet qui travaille essentiellement avec des outils manuels et du bois local. Ensemble, ils découpèrent les deux premiers tiers de l'ossature. En parallèle, Dennis choisit le site et creusa la terre pour établir ce qui serait à terme un sous-sol, un lieu fermé naturellement frais et humide dans lequel il conserverait ses aliments. Ensuite, il commença à poser le granit pour les fondations. Mais comme il travaillait seul,

L'été, un repas commun est préparé tous les soirs.

CI-CONTRE Dessin de Dennis Carter représentant le Deer Isle Hostel

PAGE DE GAUCHE L'échelle mène à une troisième chambre au grenier.

Pour fertiliser la terre, le couple recouvre chaque carré du potager d'algues ramassées sur la plage. Dennis et Anneli élèvent également des poules et des cochons.

il lui fallait une heure pour positionner chaque pierre correctement. À la fin du mois de janvier 2007, Dennis décida donc de sauter dans un bus et de faire trente-deux heures de route pour se rendre jusqu'à Brunswick, en Géorgie. Voyant qu'il ne parviendrait pas à s'en sortir sans aide, il se dit qu'il trouverait peut-être quelques volontaires à l'auberge de Brunswick pour lui donner un coup de main.

«Je me souviens qu'il avait un gros nez et un sac à dos pourri», s'esclaffe Anneli Carter-Sundqvist. À l'époque, Anneli travaillait bénévolement à Brunswick depuis un mois. Pour elle, les auberges constituaient un bon moyen de rencontrer du monde pour les voyageurs solitaires. Arrivée de Suède avec son sac à dos, elle venait d'Umeå, dans le nord du pays, mais sa famille était originaire de la campagne. Son père avait grandi dans une région reculée du nord de la Suède, dans une maison où l'électricité n'était apparue que dans les années 1950. Sa mère était née dans une ferme, où ses parents élevaient des cochons.

Dennis comprit vite qu'Anneli n'était pas du genre à rester les bras croisés. À Brunswick, tous deux se levaient à l'aube pour travailler, juste tous les deux. Ils retournaient la terre pour faire des plantations ou effectuaient divers travaux de menuiserie. Leur relation était alors platonique, ils avaient juste à cœur d'entretenir les lieux et de faire les choses bien.

En juillet 2007, Dennis repartit pour Deer Isle avec quatre volontaires prêts à l'épauler dans la construction de son auberge. Le même mois, il écrivit à Anneli pour lui proposer de venir l'aider. Mais celle-ci devait partir pour New York puis rendre visite à des amis à Asheville, en Caroline du Nord. Ce n'est donc que six mois plus tard qu'elle prit un bus en direction du Maine. À son arrivée, les quatre volontaires étaient partis. Ils avaient terminé les fondations et une bonne partie de l'ossature. Dennis avait achevé la charpente du toit tout seul pendant l'automne. Au bout du compte, son plan avait fonctionné : il n'avait dû préassembler qu'un élément de charpente avant de le mettre

Née en Suède, Anneli Carter-Sundqvist a rencontré Dennis Carter alors qu'elle voyageait à travers les États-Unis avec son sac sur le dos.

Les rivets de la porte d'entrée sont des clous enfoncés dans la porte au marteau puis fixés à l'intérieur à l'aide d'outils manuels.

CI-CONTRE Les mortaises et tenons de l'auberge sont assemblés avec des chevilles artisanales.

en place : trois poutres réunies pour former un H. À partir de là, Dennis et ses volontaires n'avaient plus eu qu'à installer chaque nouvel élément de l'ossature un à un.

En février 2008, Anneli découvrit donc à Deer Isle la charpente de l'auberge terminée, mais ni murs, ni sol. Elle ne se montra pas particulièrement impressionnée. « Quand on ne connaît rien aux ossatures en bois, on pense *"Ouais ?"*, admet-elle. Je me disais, *"On a le squelette d'une maison. On fait une auberge maintenant ?"* » Tous deux se mirent au travail, comme ils le faisaient à Brunswick. Au bout d'une semaine, une idylle se nouait entre eux. Anneli compensait ses lacunes par un enthousiasme à toute épreuve et elle apprenait vite. Dennis se montrait patient et optimiste. « C'était difficile parce qu'elle ne comprenait rien aux mesures, se rappelle-t-il, amusé. Mais l'intérêt quand on crée des lucarnes à deux pans, c'est qu'une fois les planches coupées, si elles ne sont pas toutes de la même taille, on peut rectifier les erreurs. »

L'une des deux vérandas servant de chambres sur la propriété.

En avril 2008, lorsque Deer Isle reprit vie après un rude hiver, Dennis et Anneli réussirent à monter les murs en utilisant essentiellement du pin. Se retrouvant enfin entre quatre murs, Anneli sentit la joie et l'excitation la gagner. Tout le potentiel du lieu lui apparaissait enfin. Alors, elle installa une petite table et des chaises à l'intérieur et le couple prit son tout premier repas dans l'auberge en devenir.

À partir de là, le couple se répartit les tâches. Dennis se concentra sur la partie menuiserie, à savoir la pose de poteaux corniers en cèdre et de bardeaux de cèdre blanc du Canada aux murs. Quant à Anneli, elle prit ses quartiers dans le jardin. Elle nettoya le terrain, planta des graines et mit tout en place lentement. Finalement, elle créa un potager de sept cents mètres carrés pour cultiver des carottes, des betteraves, des pommes de terre, des laitues, des choux, des haricots, de l'ail, etc. Cette année-là, elle lança également une campagne de levée de fonds pour rembourser une partie de leurs frais d'installation.

Sous l'action des bactéries aérobies, le compost se décompose et génère de la chaleur qui vient réchauffer les tuyaux enroulés sous le tas. Selon la saison, la température de l'eau peut atteindre 65 °C.

En deux ans, Dennis avait dépensé près de 35 000 $ en matériaux. Heureusement, ils mirent la main sur des batteries et panneaux solaires d'occasion, ce qui leur permit de générer assez d'électricité pour pouvoir s'éclairer gratuitement.

Il restait encore beaucoup de travail à effectuer : terminer la cuisine, les fenêtres, le système électrique alimenté à l'énergie solaire et les toilettes sèches. Cela ne les empêcha pas d'annoncer officiellement la date d'ouverture de l'auberge : le 21 juin 2009. « C'est moi qui ai fait accélérer les choses, explique Anneli. Dennis est beaucoup plus réfléchi. Il aurait pu passer des années à fignoler des détails avant d'ouvrir. »

Le jour dit, Dennis et Anneli organisèrent une grande soirée d'ouverture et invitèrent une douzaine d'amis et de voisins. Ils étaient fiers, mais un peu tristes : ils n'avaient aucune réservation pour l'été. Ils ouvrirent officiellement à seize heures et, quelques heures plus tard, juste avant le moment du repas, quelqu'un frappa à la porte. Deux Suisses qui voyageaient avec leur sac sur le dos venaient d'arriver en ville et cherchaient un endroit où dormir. On leur avait suggéré l'auberge. Ce soir-là, tout le monde se réunit autour de la grande table de la salle à manger et se régala de pancakes, de crème fouettée et de fraises bio du jardin.

Depuis, des centaines de voyageurs venus du monde entier ont séjourné au Deer Isle Hostel. Et, en 2011, Dennis et Anneli se sont mariés.

Quand on arrive sur leur propriété, on a l'impression de voyager dans le temps et de revenir à une époque révolue. « Je me suis toujours demandé ce que cela faisait de voyager dans le temps, reconnaît Dennis. Et très sincèrement, j'ai la sensation que nous allons vers l'avenir. Mais j'ai aussi compris quelque chose : les bonnes idées sont intemporelles. Notre machine à laver Speed Queen de 1946 fonctionne à merveille. Les panneaux solaires fabriqués aux États-Unis à la fin des années 1990 et au début des années 2000 sont excellents. Et les ossatures en bois de la fin du XVIIe siècle représentent le summum de la charpente. »

Toute l'électricité de l'auberge est générée par des panneaux solaires.

GALERIE PHOTOS

Moulin à eau transformé en cabane de conte de fées. Un peintre serbe a construit plusieurs cabanes en bois le long de la rivière qui traverse le village bosniaque de Zelenkovac, offrant ainsi une nouvelle vie aux moulins qui appartenaient à son père.
PHOTO PARTAGÉE PAR Brice Portolano

Cabane en « noir et blanc » à Irvine, Kentucky, États-Unis
PHOTO PARTAGÉE PAR Randel Plowman

Cabanon de chasse dans le nord-ouest du Wisconsin, États-Unis
PHOTO PARTAGÉE PAR Stephanie Schuster

Centre d'activité de Kanatha-Aki, au Québec, Canada
PHOTO PARTAGÉE PAR Mina Seville

Sörvallen Härjedalen, Suède
PHOTO PARTAGÉE PAR Kristoffer Marchi

Îles San Juan, État de Washington, États-Unis
PHOTO PARTAGÉE PAR Kate Barrett

Mt. Field, Tasmanie, Australie
PHOTO PARTAGÉE PAR James Bowden

Islesboro, Maine, États-Unis
PHOTO PARTAGÉE PAR Scott Meivogel

Cabane des années 1880
sur Orcas Island, Washington
PHOTO PARTAGÉE PAR Brittany Cole Bush

Résidence secondaire en hiver, Ten Boer, Pays-Bas
PHOTO PARTAGÉE PAR Marieke Kijk in de Vegte

Océan arctique près de l'île
de Senja, Norvège
PHOTO PARTAGÉE PAR Nicolas Schoof

Cabane fabriquée à partir de fenêtres,
de fenêtres de toits et de palettes
détournées, près du lac Nellie dans
le nord-est de l'Ontario, Canada
PHOTO PARTAGÉE PAR Donna Irvine

Terre de Feu, Argentine
PHOTO PARTAGÉE PAR Haukur Sigurdsson

Stavselforsen Jämtland, Suède
PHOTO PARTAGÉE PAR Kristoffer Marchi

CABANES SPÉCIFIQUES

La plupart des cabanes à sucre possèdent une toiture à deux pans avec une ouverture pour évacuer la vapeur.

4
CABANES SPÉCIFIQUES

Un groupe d'amis construit une cabane pour y faire bouillir de l'eau d'érable.

Comment préparer du sirop d'érable

Bolton Landing, État de New York, États-Unis

En ce mois de décembre 2012, Sam Caldwell clouait des planches nuit et jour afin de terminer au plus vite sa structure en bois de six mètres sur neuf montée sur une dalle en béton. La cabane était destinée à devenir une sucrerie, où l'on ferait bouillir de la sève d'érable pour produire du sirop. Sam avait choisi l'emplacement sur les collines qui surplombent Bolton Landing, un petit village au bord d'un lac dans les monts Adirondack, dans l'État de New York, non loin du Vermont. Dans ces contrées, il n'est pas rare que le sol soit recouvert de deux mètres de neige, l'hiver. Ayant grandi là, Sam savait donc mieux que personne qu'il devait avoir monté les murs et le toit avant que le froid n'arrive. Sinon, il devrait attendre le printemps pour terminer sa construction et une année entière, jusqu'au début de 2014, avant de produire du sirop d'érable. Alors, Sam clouait sans relâche.

Les sucreries, ou cabanes à sucre, sont apparues au Québec, au Canada, à partir du début du XIXe siècle. À l'image d'autres constructions bâties dans un but spécifique, la plupart des cabanes à sucre présentent des caractéristiques communes : un toit à deux pans surmonté d'un tire-vapeur pour ventiler l'espace et évacuer la vapeur. À l'intérieur, on fait bouillir des litres de sève brute dans un évaporateur en métal chauffé au feu de bois. Au fur et à mesure que l'eau de la sève s'évapore, la concentration en sucre augmente. Plus le sirop bout, plus il devient sombre. Le processus est relativement simple, mais on ne peut pas l'effectuer n'importe quand. La sève ne se collecte qu'à une certaine période de l'année, lorsque les températures sont négatives la nuit et positives le jour. Cette alternance de gel et de dégel entraîne une différence de pression entre l'intérieur et l'extérieur de l'arbre, ce qui favorise l'écoulement de la sève. La saison des sucres débute généralement au début du mois de mars et ne dure que quelques semaines.

Pénétrer l'univers des cabanes à sucre, c'est apprendre à savourer le changement de saisons et l'arrivée du printemps. Amis, voisins et familles se rassemblent autour des cabanes pour passer du temps ensemble et respirer l'odeur envoûtante du sirop en train de cuire. « C'est un tel bonheur de venir ici après être resté cloîtré à l'intérieur tout l'hiver », assure Sam, qui fabrique du sirop d'érable depuis sa plus tendre enfance. Avec son frère, Ruben, il a commencé à aider son père à produire du sirop d'érable dans les années 1980. À défaut de cabane, c'est dans l'allée que la famille se réunissait pour faire chauffer du bois dans un baril en métal surmonté d'un chaudron. « On faisait ça chaque année, se souvient Ruben. J'adorais ce moment au début, parce que, quand j'étais petit, ça voulait dire qu'on allait rester près du feu pour faire chauffer des marshmallows et des hot dogs et qu'on pourrait veiller tard avec les adultes. Mais plus tard, on a dû mettre la main à la pâte et aider notre père à aller collecter la sève au fond des bois. »

Bolton Landing est un lieu propice à la fabrication de sirop d'érable. Les conditions météorologiques y sont favorables et les innombrables forêts de la région regorgent d'érables rouges, argentés et à sucre, trois

Sam Caldwell surveille l'évaporateur chauffé au feu de bois utilisé pour faire bouillir la sève d'érable.

L'arrière-grand-père de Sam et Ruben Caldwell
a construit une cabane à sucre de trois mètres cinquante
sur quatre mètres cinquante dans les années 1930.

des espèces les plus couramment utilisées pour fabriquer du sirop. Les tribus amérindiennes en produisaient déjà et l'utilisaient comme monnaie d'échange bien avant que les Canadiens français ne se mettent à exploiter les érables. La famille de Sam et Ruben est installée à Bolton Landing depuis le XVIIIe siècle, et c'est leur arrière-grand-père, Harold Bixby, qui s'attela le premier à la production de sirop d'érable dans les années 1930. Il construisit une cabane à sucre d'un peu plus de trois mètres sur quatre dans une érablière à quelques kilomètres de l'endroit où les Caldwell vivent encore aujourd'hui. La bicoque disposait d'une bouilleuse et d'une cheminée fabriquées de façon artisanale à l'aide de briques. Le père de Sam et Ruben utilisait toujours la cabane dans les années 1970, mais au cours de la décennie suivante, il déplaça la production dans son allée. Et dans les années 1990, les deux garçons l'aidèrent à construire une autre cabane sur sa propriété. Peu après, un pin blanc tomba sur la sucrerie abandonnée d'Harold, détruisant une partie de la construction.

Pourtant, après avoir terminé leurs études, en 2001, Ruben et son cousin James Harrison, surnommé « J », décidèrent de réparer la petite baraque d'Harold. Ils envisageaient de créer leur propre marque de sirop d'érable artisanal si jamais ils parvenaient à en produire une quantité suffisante. Cet automne-là, ils découpèrent le pin blanc tombé à terre et l'utilisèrent pour refaire les portes, remplacer la cheminée endommagée et fabriquer deux banquettes rabattables en bois qu'ils installèrent de part et d'autre de la cabane. Celles-ci leur servirent d'ailleurs de lit à plusieurs reprises. Dès le printemps 2002, Ruben, J et quelques amis commencèrent à passer de longues nuits dans la cabane à faire bouillir la sève d'érable. Cette saison-là, ils produisirent cinquante litres de sirop d'érable, qu'ils vendirent localement dans des bouteilles portant une étiquette BIXBY'S BEST.

À cette époque, Ruben vivait dans un abri de fortune minuscule sans chauffage ni électricité.

La charpente de la nouvelle cabane à sucre a été construite avec du pin blanc.

Il n'avait même pas d'adresse e-mail. Comme son voisin David Cummings vivait lui aussi dans une cahute, ils surnommèrent leur petit coin boisé de Bolton Landing *Shack Valley* («la Vallée des cabanes»). Pendant l'année, ils travaillaient sur des chantiers, mais chaque hiver, ils collectaient de la sève et produisaient leur sirop. Vers 2005, Sam quitta son emploi dans une ferme de Caroline du Nord pour revenir à Bolton Landing. Il rejoignit Dave et son frère sur les chantiers et se mit à passer du temps avec eux dans la cabane et à les aider des nuits entières, à grands renforts de bière. Peu à peu, son regard sur la production de sirop d'érable changea. En 2007, lorsque Ruben partit à Brooklyn pour travailler dans un cabinet d'architecture, Sam reprit les rênes de Bixby's Best. Désormais, la fabrication du sirop n'était plus un simple loisir. Il lut des articles dans le *Maple News* et assista à des conférences sur le sujet. Il apprit à tailler les arbres de façon à favoriser la production de sève ainsi qu'à percer les troncs et à y introduire des chalumeaux — des petits tubes ou becs qui extraient la sève et lui permettent de s'écouler — sans abîmer les arbres. À terme, il souhaitait développer son activité, mais il lui fallait un évaporateur plus efficace. Pourtant, il ne pouvait se résoudre à détruire la vieille bouilleuse en briques. «Il nous semblait important de garder la cabane intacte, comme un témoin du passé», explique Ruben.

En 2011, Sam demanda à Ruben de lui dessiner une cabane, car il avait l'intention d'en bâtir une sur la parcelle de six hectares qu'il venait d'acheter en bordure du terrain de Dave Cummings. Sam voulait une *saltbox*,

La vieille cabane à sucre familiale a été reconstruite en 2001.

CI-CONTRE Dave Cummings filtre l'eau d'érable en train de s'évaporer.

PAGE DE GAUCHE Les seaux pour la récolte de l'eau d'érable ne sont utilisés qu'à la fin de l'hiver, pendant la saison des sucres.

Sam Caldwell est né et a grandi à Bolton Landing, dans l'État de New York.

l'un de ces bâtiments typiques de l'architecture coloniale américaine en Nouvelle-Angleterre, possédant deux étages en façade et un seul à l'arrière ainsi qu'un toit à double pente dont le versant arrière est long et descend très bas. Pour le reste, Ruben, qui venait d'obtenir son diplôme en architecture à l'université de Columbia, avait carte blanche. Il commença à faire des croquis de cabanes à la structure asymétrique, pour répondre au souhait de Sam. « C'était plus un caprice de ma part qu'autre chose », admet celui-ci en riant. Le reste du bâtiment n'avait pas de caractéristiques particulières et Ruben n'avait pas indiqué où les portes et les fenêtres devaient se placer. L'idée était de créer une ossature simple et originale, que l'on pourrait agrandir et restructurer différemment au fil du temps en fonction des besoins de Sam. « J'habite en ville maintenant, explique Ruben, et ça me rend fou de ne plus pouvoir disposer d'un espace où laisser libre cours à mon imagination et tenter des innovations. »

Une après-midi d'octobre 2011, Sam, Ruben, leur père et Dave coulèrent les fondations en béton de la cabane, lissèrent la chape, puis fêtèrent l'événement avec des bières. Ils assemblèrent ensuite les éléments de la future ossature avec des mortaises et des tenons classiques ainsi que des chevilles en bois dur. Pour cela, ils choisirent du pin blanc, l'une des espèces à croissance rapide les plus abondantes à Bolton Landing. Au mois de décembre, Sam et Dave réunirent un groupe de cinq ou six amis pour les aider à installer les éléments de l'ossature qu'ils avaient préassemblés. « On se débrouille toujours pour avoir le temps de boire une bière après l'effort, explique Dave. Sinon, on ne trouverait personne pour venir nous aider ! »

Les travaux continuèrent, progressant à l'allure des Adirondack, selon les dires de Sam, à savoir lentement. Entre-temps, il partit dans le Vermont acheter un évaporateur d'occasion de la marque Small Brothers

La porte située à droite provient du hangar à bateau familial, situé sur le lac George.

Lightning muni d'une grande panne en acier inoxydable. Il rapporta le matériel dans sa cabane en chantier, il le posa sur le béton brut et le recouvrit d'une bâche. Sam fit une dernière saison dans la vieille cabane à sucre familiale. Lorsque l'été 2012 laissa place à l'automne, il n'aspirait plus qu'à une seule chose : que sa sucrerie soit enfin opérationnelle. Il continua à récupérer des chutes de pin blanc dans la scierie de son père, ainsi que des bouts de métal mis au rebut pour la toiture. Il se procura également divers matériaux, notamment une vieille porte inutilisée, dans le hangar à bateau de ses parents.

Au début du mois de décembre 2012, le temps pressait, alors ils utilisèrent le tracteur de Dave pour dresser le reste de la structure. Suite à cela, Sam effectua la majeure partie du travail seul. Il passa deux semaines à assembler le parement et la toiture, sans trop réfléchir ni rien planifier. Lorsqu'il n'eut plus de planches, il recouvrit un grand pan de la façade avec une plaque de tôle ondulée de récupération.

Enfin, Sam termina la construction et, en février, quand la neige commença à fondre et que la sève se mit à couler, il fit bouillir sa toute première ration de sirop d'érable dans la cabane à sucre que son frère avait conçue et que ses amis l'avaient aidé à bâtir. Cette année-là, il accrut la production. Il préleva la sève de huit cents érables — soit trente-neuf mille deux cents de moins que le plus gros producteur de sirop d'érable de l'État de New York.

Aujourd'hui, le sirop Bixby's Best est toujours mis en bouteille dans la cuisine des parents de Sam Ruben. « Faire du sirop d'érable, j'ai ça dans le sang », assure Sam, qui travaille toujours sur les chantiers pour gagner sa vie. Il discute très souvent avec Ruben, désormais associé dans le cabinet d'architecture Studio Tack à Brooklyn, de la manière dont ils pourraient réaménager la cabane. « Je suis sûr que si vous revenez dans un an, la cabane sera radicalement différente, s'amuse Ruben. Le changement, l'évolution, c'est ce qui nous fait vibrer. »

Durant le bouillage, la colonne de vapeur s'échappe par le tire-vapeur, au sommet du toit.

GALERIE PHOTOS

Hangar à bateau sur l'Obersee en Bavière, Allemagne
PHOTO PARTAGÉE PAR Jenn & Willie Witte

Poste de guet de Red Top dans l'est de l'État de Washington, États-Unis. L'image est issue du *Fire Lookout Project*, qui vise à recenser les quatre-vingt-douze postes de guet encore présents dans l'État de Washington.
PHOTO PARTAGÉE PAR Kyle Johnson

Le poste de guet Hornet, près de Polebridge, dans le Montana, États-Unis. Photo prise à l'occasion d'une excursion en sac à dos de dix jours, visant à observer les postes de guet de l'Idaho et du Montana.
PHOTO PARTAGÉE PAR Casey Greene

Kesän Sauna, un sauna public
sur la plage de Tuira à Oulu, Finlande
PHOTO PARTAGÉE PAR Joonas Mikola

Sauna du Fforest Camp près
de Cardigan, Pays de Galles
PHOTO PARTAGÉE PAR Jonathan Cherry

Poste de guet sur le mont Three Fingers, dans la réserve naturelle de Boulder River, État de Washington, États-Unis
PHOTO PARTAGÉE PAR Ethan Welty

Sélection issue de « *Hide* »
un reportage photographique
sur les abris de chasse au cerf
dans le Wisconsin, États-Unis
PHOTO PARTAGÉE PAR
Jason Vaughn

DOUBLE-PAGE PRÉCÉDENTE Cabane de pêcheur le long du fjord de Killery Harbour à Leenane, Irlande
PHOTO PARTAGÉE PAR Stu J. Beesley

Kitchen Hut utilisée par les randonneurs depuis les années 1930, dans le parc national de Cradle Mountain-Lake St. Clair en Tasmanie, Australie
PHOTO PARTAGÉE PAR Jaharn Giles

La *Glassmount House*, un atelier d'artiste près de Kirkcaldy, Écosse
PHOTO PARTAGÉE PAR Peter McLaren

Cabanes à pêche
en Nouvelle-Angleterre, États-Unis
PHOTO PARTAGÉE PAR Foster Huntington

Refuge de montagne autosuffisant
sur le mont Blanc, Italie. Conçu par LEAPfactory.
PHOTO PARTAGÉE PAR Francesco Mattuzzi

CABANES
PERCHÉES

Ethan Schlussler a choisi un mélèze de l'Ouest, une espèce solide à croissance lente.

5

CABANES PERCHÉES

Un casse-cou imagine une chambre perchée dans son jardin.

Comment vivre à trente mètres au-dessus du sol

Sandpoint, Idaho, États-Unis

Ethan Schlussler posa sa hache. Il se redressa et regarda le gigantesque tas de bois qui se dressait sur la butte derrière la grange de sa mère. Il venait de passer quatre heures à tailler des bûches de sapin de Vancouver et il disposait maintenant d'assez de bois de chauffage pour tenir un mois. Il était encore tôt en cette après-midi de juin 2013 et le soleil ne se coucherait pas avant vingt-et-une heures. « Maintenant, qu'est-ce que je fais ? » se demanda le jeune homme. En levant les yeux, il se souvint qu'enfant, il rêvait de construire une cabane dans les arbres.

En 1999, Ethan, alors âgé de huit ans, et sa famille avaient emménagé sur une parcelle d'un peu plus de trois hectares aux abords de Sandpoint, dans l'Idaho, non loin de la forêt nationale de Kaniksu, un espace luxuriant de six cent cinquante mille hectares à cheval sur l'Idaho, le Montana et l'État de Washington. Niché au bord d'un cours d'eau, leur terrain regorgeait d'arbres à feuilles caduques ou persistantes et de conifères : sapins de Vancouver, pins blancs, pruches du Canada, mélèzes de l'Ouest, thuyas géants, peupliers, sapins de Douglas, épicéas d'Engelmann et érables nains.

À l'âge de dix ans, Ethan grimpait aux arbres avec une agilité déconcertante et, à douze ans, il avait déjà fabriqué sa première « cabane dans les arbres », une petite plate-forme très simple sans murs ni toiture, qui trône toujours à six mètres au-dessus du sol dans un bouleau près de l'habitation de sa mère. La famille vivait dans une cahute en bois à deux pans surmontée d'un toit en tôle d'aluminium ondulée et équipée d'un poêle à bois. Il n'y avait que deux chambres ; l'endroit était cosy, mais petit. Alors, lorsqu'il avait eu dix-huit ans, Ethan s'était mis à rêver d'une chambre à part dans un sapin tout près de la maisonnette. Il avait dessiné quelques plans, mais il s'était laissé distraire par d'autres activités et avait renoncé. Il était ensuite parti pour l'université, et quand il était revenu quelques années plus tard, il avait travaillé pour une entreprise locale : il abattait des arbres, aménageait des espaces paysagés, rénovait des maisons et construisait des dépendances en bois. Il aidait aussi sa mère à entretenir leur parcelle de forêt et était ainsi amené à élaguer des arbres et à scier beaucoup de bûches pour le feu.

Alors qu'il coupait du bois en ce jour de juin 2013, Ethan songeait au temps qui passe. Cela faisait cinq ans qu'il avait abandonné son idée de construction. « Beaucoup de gens ont des rêves, mais ensuite, ils trouvent un travail et fondent une famille. Et un jour, ils se rendent compte qu'ils ont quarante ou cinquante ans et qu'ils ont laissé leurs rêves sur le bord de la route. Je ne voulais pas être de ceux-là, se souvient-il. Je ne voulais pas me dire dans vingt ans : "Pourquoi n'ai-je pas construit une cabane quand j'en avais l'occasion ?" J'ai compris qu'à ce moment-là de ma vie, je disposais du temps, de l'énergie et des ressources nécessaires pour mener mon projet à bien. Alors, j'ai pris ma décision sans attendre : "O.K., je vais le faire". »

Ethan effectua le tour de la propriété en passant les arbres en revue. Après avoir grimpé dans quelques-uns, il porta son choix sur un grand mélèze en bonne santé. Grâce à son expérience chez l'entrepreneur local, il avait maintenant des connaissances solides

Le poids de l'ascenseur à pédales est contrebalancé par un vieux réservoir à eau noir fixé sur des poulies (en haut à gauche).

en matière de construction. Il ne voulait pas avoir à percer le tronc ni à y insérer des boulons. L'utilisation de boulons est une pratique courante et fiable pour fixer des planches sur un tronc : elle n'endommage pas forcément l'arbre et n'entrave pas obligatoirement sa croissance, mais cela peut arriver. Ethan était décidé à trouver une autre solution. Il était également résolu à créer une construction unique. « J'ai volontairement ignoré toutes les cabanes perchées existantes, admet-il. Je n'ai fait aucune recherche. Je voulais concevoir une cabane entièrement de mon cru, un lieu qui me serait propre. Si on ne cherche pas dans un livre comment faire, tous les possibles s'ouvrent. »

Cette après-midi-là, il se mit rapidement au travail. Il retrouva ses plans originaux et se mit à en dessiner de nouveaux. Il imagina un système de fixation par serrage : une série de poutres disposées verticalement autour du tronc et maintenues en place par un câble en métal. Si la pression et le frottement étaient suffisants, les poutres devaient rester en place, du moins en théorie.

Ethan Schlussler envisage d'installer une rampe constituée de cordes de part et d'autre de la passerelle.

PAGE DE GAUCHE Les murs sont constitués de thuya géant, un bois léger réputé imputrescible.

Afin de ne pas avoir à percer l'arbre, Ethan Schlussler a imaginé un système de fixation maintenu par un câble épais qui « embrasse » le tronc.

CI-CONTRE L'ascenseur à pédales fonctionne grâce à un mécanisme de poulies.

PAGE DE DROITE La porte est ornée d'une branche de pruche du Canada. Le revêtement mural intérieur est constitué de pin blanc.

Ethan Schlussler a d'abord imaginé un plancher circulaire avant d'opter pour une forme hexagonale pour plus de simplicité.

Une fois fixées, les poutres formeraient un point d'ancrage et seraient le squelette sur lequel il pourrait installer la charpente de sa cabane.

Pour tester son système de fixation, Ethan fabriqua alors un petit prototype sur un jeune arbre, à un mètre du sol. Il perça un trou dans chaque planche, il y enfila le câble, puis tira sur celui-ci pour le serrer fermement. Enfin, il souda un boulon aux extrémités du câble. Les poutres ne bougèrent pas. Ethan monta sur les planches, il s'agrippa à l'arbre, puis se mit à sauter encore et encore sur l'armature. Les planches ne bougèrent pas davantage.

Le jeune homme revint alors vers le mélèze sélectionné. Il mesura la circonférence du tronc et commença les calculs spécifiques à un système de serrage de grande envergure. Comme le soleil entamait sa descente derrière la cime des arbres, il se réfugia à l'intérieur pour tracer des plans. Très rapidement, ses croquis évoluèrent : du cercle, il passa à l'octogone, puis à l'hexagone. Moins de côtés signifiait une structure plus simple et plus légère.

Durant les deux semaines qui suivirent, Ethan continua de travailler pour son employeur cinq jours par semaine de huit heures du matin à quinze heures. L'après-midi, il rentrait chez lui et se consacrait à la cabane jusqu'à vingt-et-une heures, ou jusqu'à ce que l'obscurité ne le contraigne à s'arrêter. Il emprunta une tronçonneuse à son ami d'enfance, Aza, qui l'aida à couper une partie des planches. Il choisit du cèdre pour sa légèreté et ses qualités imputrescibles. De plus, la propriété comptait quantité de ces arbres. Il construisit le « collier » de fixation et six poutres de forme triangulaire pour soutenir le sol et les murs. On lui prêta également une échelle télescopique de dix mètres, et c'est elle qui détermina la hauteur de la cabane : Ethan grimpa simplement tout en haut de l'échelle, puis il marqua un repère sur le tronc à cet endroit. Passionné d'escalade et, comme il l'avoue lui-même, accro à l'adrénaline, Ethan ne connaît pas le vertige.

L'une après l'autre, il attacha les poutres de soutènement, de trente kilos chacune, sur son épaule et les hissa en haut de l'échelle. Des sangles à cliquet lui servirent à maintenir tous les éléments en place sur le tronc jusqu'à ce qu'il puisse poser le câble de fixation et les boulons de serrage de façon définitive. Il lui fallut plusieurs après-midi avant de parvenir à tout poser correctement, puis une journée et demie supplémentaire pour installer le plancher parfaitement. Il voulait que le sol reflète la structure hexagonale de la cabane. Pour obtenir la forme exacte, il dut ajuster les longueurs et les angles petit à petit. Il crut devenir fou pour parvenir à faire coïncider les angles : aussi infime fût-elle, une variation par rapport à la découpe précédente se trouvait amplifiée à chaque étape. Le premier jour consacré au plancher, Ethan passa plus de huit heures dans l'arbre. Sans murs ni toit, la cabane était tellement légère que la plate-forme tanguait dangereusement chaque fois qu'il effectuait un mouvement. Ironiquement, en retournant sur la terre ferme, il souffrit du mal de mer !

Dès le sol terminé, Ethan organisa des soirées dans sa cabane perchée, mais d'abord, il installa une balustrade temporaire tout autour de sa plate-forme de neuf mètres carrés. Avec six de ses amis, il passa plusieurs nuits dans l'arbre.

Au cours des mois de juillet et août, Ethan construisit le reste de sa cabane en improvisant au fur et à mesure. Il créa le toit avant les murs. Puis il décida d'inclure un porche dans la structure. Mais surtout, il se pencha sur la contrainte que représentait l'escalade continuelle de l'échelle. En trois mois, il avait gravi et descendu les échelons des centaines de fois. Il commençait à avoir mal aux genoux et l'entreprise était longue et pénible. Il se dit qu'il lui faudrait une sorte d'ascenseur. Peut-être une petite plate-forme équipée d'un treuil et d'une manivelle ? Le jeune homme hésitait. Alors, il poursuivit ses réflexions.

Une tyrolienne relie la cabane perchée à un sapin de Vancouver près de la grange.

Son ami Aza lui suggéra l'idée d'un ascenseur à pédales. Aza se voyait déjà en train de grimper à la verticale avec les deux roues du vélo en contact direct avec le tronc ! Mais Ethan pensait qu'une orientation horizontale serait beaucoup plus pratique à mettre en place et à utiliser. Et l'expérience resterait incroyable : quelle sensation cela procurerait de flotter dans les airs, assis sur son vélo, en ayant l'impression de défier la gravité ! Ethan s'appropria donc le vieux vélo Diamondback de sa mère et acheta cinq grosses poulies et près de cinquante mètres de câble en métal. Il ne lui fallut guère plus d'une journée pour fabriquer sa machine, mais les ajustements le tinrent occupé une bonne semaine. Il fixa deux câbles – l'un à l'avant du cadre et le second à l'arrière – afin que le vélo ne bascule pas dans un sens ou dans l'autre. Au départ, le pédalage était extrêmement difficile, alors Ethan retira le grand plateau du pédalier et le plaça sur le pédalier arrière pour améliorer la transmission. Il trouva également un vieux réservoir à eau et des chutes de métal sur une pile de déchets près du garage de sa mère. Il intégra la petite cuve dans son mécanisme, en se disant qu'une fois remplie d'eau, elle ferait office de contrepoids, ce qui faciliterait le déplacement du vélo. Ethan avait raison : son mécanisme fonctionna parfaitement.

Le jeune homme adore observer ses visiteurs lorsqu'ils pédalent pour accéder à la cabane perchée. Il sait que son ascenseur si peu conventionnel apporte une note supplémentaire de fantaisie à sa construction. Mais il est aussi très fier de son système unique de fixation par serrage. Même si sa cabane a peu à peu glissé le long du tronc – environ soixante centimètres en un an – la structure tient bon. Il a apporté quelques modifications pour ralentir la descente et il se dit qu'au fur et à mesure que l'arbre va grossir, cela resserrera encore l'étau autour du tronc, ce qui évitera que la cabane ne s'affaisse davantage. « Vous savez, murmure Ethan en souriant, seul le temps nous dira si j'avais raison ou tort. »

GALERIE PHOTOS

Cabane dans la baie
de Nootka, Canada
PHOTO PARTAGÉE PAR Dean Azim

Bovina, État de New York, États-Unis
PHOTO PARTAGÉE PAR Kursten Bracchi

Intérieur, Bovina, État de New York, États-Unis
PHOTO PARTAGÉE PAR Linda Aldredge

Cabane perchée de Buster Simpson,
école de Pilchuck Glass près de Stanwood,
État de Washington, États-Unis
PHOTO PARTAGÉE PAR Alec Miller

Cabane construite par la YestermorrowDesign/
Build School à Waitsfield, Vermont, États-Unis
PHOTO PARTAGÉE PAR YestermorrowDesign/
Build School

DOUBLE-PAGE PRÉCÉDENTE Bell Avenue
à Chicago, Illinois, États-Unis
PHOTO PARTAGÉE PAR Erik A. Jensen

Cabane de Wynn Kinsley
à Cotton, Minnesota, États-Unis
PHOTO PARTAGÉE PAR Katy Anderson

Bureau/dépendance pour invités avec
un plafond cathédrale, deux petits balcons
et un poêle à granulés, à Swanzey,
New Hampshire, États-Unis
PHOTO PARTAGÉE PAR Matt Beckemeyer

Puumaja, installation montée
sur sept arbres dans une forêt
de la région des lacs en Finlande
PHOTO PARTAGÉE PAR Andrew Ranville

HemLoft, construit essentiellement
à partir de matériaux gratuits trouvés
sur le site de petites annonces Craigslist,
à Whistler, Colombie-Britannique, Canada
PHOTO PARTAGÉE PAR Joel Allen

Lukovica, Slovénie
PHOTO PARTAGÉE PAR Rok Pezdirc

Petite maison rouge perchée à Norrbotten, Suède, hôtel Blue Cone Treehotel
PHOTO PARTAGÉE PAR
Peter Lundström/WDO

CABANES CONTEMPORAINES

6

CABANES CONTEMPORAINES

Un étudiant en architecture reprend un projet abandonné dans le désert.

Comment construire un abri minimaliste

Scottsdale, Arizona, États-Unis

La chaleur implacable s'abattait sur Dave Frazee et faisait perler la sueur sur son front. Il marchait, seul, à travers une bande de désert de deux cents hectares à la lisière nord-est de Scottsdale, en Arizona. C'était l'après-midi et la température ne cessait d'augmenter. Dave pestait contre lui-même : il avait oublié d'emporter de l'eau. Originaire de la banlieue de Détroit, il n'était jamais allé dans le désert. Alors, à l'automne 2007, quand il arriva à Scottsdale pour rejoindre l'école d'architecture de Taliesin West créée par Frank Lloyd Wright, Dave, tout juste âgé de vingt-et-un ans manquait sérieusement de préparation et il était très nerveux : « Je pensais qu'il y avait des serpents et des scorpions partout, se souvient-il. Je me disais : "Non, ce n'est pas possible, je ne peux pas croire que je vais vivre ici !" »

En 1937, Wright avait acheté un terrain accidenté et entièrement nu dans le désert pour y construire une résidence d'hiver et un studio d'architecture pouvant accueillir une douzaine d'étudiants. Wright et ses apprentis passaient une partie de l'année dans sa demeure du Wisconsin et le reste à Scottsdale.

Dave Frazee a passé plus de deux ans à imaginer et à construire son abri à Scottsdale, en Arizona.

À défaut d'internat, les étudiants de Taliesin West dormaient sous des tentes. Suivant son goût pour les motifs géométriques et sa conception « organique » de l'architecture (dans laquelle une construction s'inscrit harmonieusement dans son environnement naturel), Wright avait au départ conçu un campement composé de trois dalles en béton triangulaires (une par tente). Au fil des ans, des dizaines de campements avaient été installés en divers endroits de la propriété et reliés entre eux par un réseau de chemins de terre pavés de pierres. Plutôt que des triangles, les étudiants de Wright avaient choisi de former des dalles carrées.

À terme, les apprentis avaient conçu et construit leurs propres abris semi-permanents aux emplacements prévus. Le projet a perduré après la mort de Wright en 1959 et depuis maintenant près de quatre-vingts ans, la construction d'abris se poursuit à Taliesin West. Il y a désormais environ quatre-vingts campements où les étudiants continuent de tester toutes sortes de formes et de matériaux. Si beaucoup de ces structures expérimentales sont toujours intactes, plusieurs d'entre elles ont été démolies pour récupérer des matériaux et dégager de l'espace. Il n'est pas rare que les promeneurs découvrent par hasard des ruines de ces anciennes constructions dans le désert.

Accablé par la chaleur de cette après-midi de 2007, Dave leva les yeux et aperçut une cheminée blanche au loin. Celle-ci, haute de deux mètres, était située tout près d'un *palo verde* et d'une dalle en béton surmontée de deux murets en briques blanches. Il n'y avait rien d'autre sur le site. Dave supposa que le béton utilisé pour la construction avait été préparé à la main puis coulé sur place par étapes, pour ériger la cheminée petit à petit. Entre deux pans de béton dépassait une plaque de tôle ondulée qui avait dû être un toit autrefois. Dave resta assis là plusieurs heures, sans se rendre compte de ce que la chaleur étouffante infligeait à son corps. Ce soir-là, il se réveilla brûlant de fièvre et pris de nausées dans une chambre improvisée à côté de la salle à manger

Dave a choisi de l'acier laminé à froid pour sa solidité et sa durabilité. La patine donnée par la rouille fait écho à la couleur des pierres du désert.

de Taliesin West, et on dut l'emmener en urgence à l'hôpital pour soigner son insolation.

Dave ne se laissa pas abattre. Une semaine plus tard, il retourna dans le désert — avec de l'eau cette fois — et il fit du feu dans la cheminée. Il était subjugué. Peu après, il commença à dessiner des plans pour un abri qui intégrerait cette cheminée. Son premier croquis évoquait un tas de pierres : Dave y voyait la version «du désert» de la cabane en rondins. À chaque pause entre les cours, il marchait jusqu'au massif montagneux le plus proche pour ramasser des pierres volcaniques noires qu'il rapportait ensuite, par une ou deux à la fois, jusqu'à la cheminée, à huit cents mètres de là. Dave agissait discrètement. Il n'avait pas demandé l'autorisation pour aménager le site. Au bout d'un mois, il disposait d'une trentaine de pierres.

Mais un jour, lors d'un cours sur l'écologie, l'un de ses professeurs expliqua que le fait de déplacer ne serait-ce qu'une pierre dans le désert pouvait avoir, par ricochet, un impact environnemental important sur la flore et la faune locales. Alors, Dave décida de lever le pied sur son idée d'abri. Il avait encore beaucoup de choses à apprendre. Durant son adolescence, il avait passé plusieurs étés à effectuer des travaux de gros œuvres, à monter des charpentes et à étudier la maçonnerie et la couverture avec ses beaux-frères. Il savait «construire», mais il était novice dans la conception de projet. Alors il se focalisa sur ses études. Pendant les deux ans qui suivirent, au cours des semestres passés à Taliesin West, Dave retourna souvent à la cheminée. Il dessinait des abris, allumait un feu ou se contentait de rester sans rien faire, à contempler le désert. Parfois, il installait un lit de camp contre la cheminée et se glissait dans son sac de couchage pour la nuit. Il lui arrivait aussi de camper non loin de là, sur un tapis de sol posé sur le toit de sa Jeep Liberty grise. L'idée de s'élever — et de se trouver en hauteur par rapport au désert, à ses scorpions et ses serpents — enchantait Dave.

En octobre 2009, en entrant en troisième année à Taliesin West, Dave se sentait prêt à concevoir un abri digne de ce nom à côté de la cheminée. Il commença par faire des recherches sur l'histoire du site. Il voulait connaître les intentions des architectes qui l'avaient précédé et non imposer sa marque comme s'il s'agissait d'une page totalement vierge. « Ce qu'il y a de beau dans l'architecture, c'est qu'elle offre un dialogue constant à l'intérieur de l'œuvre même, explique-t-il. On n'a d'autre choix que de s'y conformer. »

À cette époque, Dave fit part de son obsession pour la cheminée à l'un de se ses mentors, Aris Georges, un enseignant de Taliesin. Il s'avéra que lorsqu'Aris était lui-même étudiant à Taliesin dans les années 1980, il était lui aussi tombé amoureux du site de la cheminée.

Les grands abattants, qui s'ouvrent presque entièrement, donnent à l'abri des allures de vaisseau spatial.

PAGE DE GAUCHE Les étagères en contreplaqué de bouleau ont été légèrement teintées.

L'étudiant en architecture a habillé deux matériaux bruts : il a recouvert le contreplaqué d'une teinture discrète, et le Durock, de plâtre.

PAGE DE DROITE La cheminée en béton date des années 1950.

Le professeur expliqua alors que c'était lui qui avait monté une deuxième dalle en béton pour la terrasse et recréé des blocs en béton en L pour prolonger un mur. Mais, comme beaucoup d'étudiants, Aris avait été accaparé par la rédaction de sa thèse et il avait abandonné son projet en cours de route. Dave, lui, était bien décidé à aller au bout de son idée. Avec l'aide d'Aris, il se plongea dans les archives de l'école et retrouva quelques diapositives du site originel. Ils découvrirent qu'à l'origine, c'était Aubrey Banks, un apprenti de Wright arrivé en 1952, qui avait construit l'abri. À une certaine époque, une plaque de tôle en métal partait du haut de la cheminée et se prolongeait jusqu'à deux colonnes en acier ancrées dans la dalle. Banks avait prévu de créer un espace mi-ouvert, mi-fermé au niveau de la terrasse.

Alors, Dave dessina un nouvel abri en s'inspirant des plans d'origine. Mais il ne voyait aucun intérêt à reproduire à l'identique un bâtiment imaginé par quelqu'un d'autre. Il effectua donc une étude géométrique du site et de la cheminée. Il décortiqua les proportions et la forme de la cheminée, de la dalle et des murs. Puis il redessina ces formes en jouant sur l'échelle de chacune. Il réalisa des centaines de croquis avant d'arrêter son choix sur cinq idées phares, qu'il traça à la main et modélisa sur ordinateur. Il avait un faible pour l'un des projets, dans lequel toute la terrasse était entourée de grands panneaux de verre surmontés d'une toiture en tôle. Il voulait donner aux occupants l'impression qu'ils étaient dans le désert, mais tout en restant confortablement installés à l'abri des éléments.

Dave examinait son dessin, mais quelque chose le dérangeait. Il voulait reprendre à son compte l'idée de Wright selon laquelle il faut «*éliminer tout ce qui n'est pas indispensable*». «À cette époque, j'étudiais les maisons usoniennes de Wright et je passais beaucoup de temps aux archives, explique Dave. J'ai fini par comprendre qu'il partait d'un principe très dense, puis qu'il l'épurait au fur et à mesure pour ne garder que l'essentiel.» Alors, Dave commença par retirer la toiture, pour ouvrir davantage la terrasse. Et au bout du compte, il simplifia au maximum son concept pour ne garder qu'une «boîte de couchage», juste assez grande pour y installer un matelas *queen size*.

Au début de l'année 2010, il commença à rassembler des matériaux dans le «cimetière» de Taliesin West, un espace à ciel ouvert où les étudiants déposent les éléments qu'ils n'ont pas utilisés. En fouillant dans un tas de tubes d'acier, il trouva quatre pièces de trois mètres cinquante de long, qu'il mit de côté dans l'atelier du campus. Au cours du mois de février, avec l'aide d'un ami, il créa le cadre de sa «boîte» dans une tôle d'acier d'un mètre cinquante sur trois. Dave souhaitait souder le cadre sur des plaques de métal qu'il avait

Dave Frazee a conçu un espace intérieur juste assez grand pour accueillir un matelas *queen size*.

encastrées sur l'un des murs d'origine en briques. Le petit espace cubique était censé flotter, en porte-à-faux par rapport au mur. Mais le jeune homme n'avait pas pris en compte le fait que l'acier du cadre était moins épais que le métal des plaques. Le chalumeau oxyacétylénique qu'il utilisait ne cessait de former des trous dans l'acier. S'il avait utilisé une torche MIG, il aurait pu moduler la température. Toutefois, cette machine aurait nécessité plus de puissance que son générateur portable ne pouvait en fournir. Dave n'eut donc d'autre choix que de visser sa boîte sur les plaques fichées dans le mur et de souder deux poteaux en acier de l'autre côté de la boîte.

En mars 2010, Dave dormait souvent sur la plate-forme. Il s'allongeait et regardait les étoiles, réfléchissant à ses plans et se demandant s'il n'avait pas fait une erreur en ajoutant les poteaux. Pour certains de ses professeurs, c'était une aberration. Dave savait que les poteaux nuisaient à l'esthétique de l'ensemble, mais il tenait à poursuivre dans cette voie. Dans quelques semaines, il devrait quitter Scottsdale pour retourner sur le campus du Wisconsin de Taliesin. Alors, pour aller vite, il décida de former un cadre autour de la boîte avec des poutres et du contreplaqué. Avec un ami, il la monta en une semaine. Ensuite, il se rendit dans une boutique solidaire et s'y procura une porte coulissante pour 300 $. Il trouva aussi deux vitres dans le « cimetière ». Pour protéger le toit de la pluie, il appliqua un enduit de couverture haute résistance et posa des bandes de rive noires. Puis il recouvrit le contreplaqué d'une membrane d'étanchéité. Une fois tous les éléments en place, il partit pour le campus d'été en croisant les doigts.

À son retour en octobre 2010, Dave eut la joie de retrouver sa « boîte » intacte. Pendant son semestre dans le Wisconsin, il n'avait eu de cesse de songer à son abri et il avait décidé d'utiliser des tôles d'acier de huit millimètres d'épaisseur pour le parement d'au moins une partie de l'extérieur. Une telle épaisseur pouvait paraître exagérée (chaque tôle pesait près

L'abri a été construit perpendiculairement à la cheminée afin de créer un espace extérieur protégé.

de quatorze kilos), mais Dave savait que l'acier ne se gondolerait pas et ne bougerait pas malgré l'exposition à un soleil de plomb. Il voulait que son abri survive au désert. Même s'il lui serait impossible de découper des plaques aussi épaisses seul, il était impatient d'utiliser les panneaux plus petits. « La cheminée porte des lignes presque imperceptibles qui offrent un pendant horizontal à la masse verticale. Je voulais recréer cet effet, argumente-t-il. Pour que l'acier parle au béton, en quelque sorte, et lui dise : "O.K., nous sommes différents, mais nous parlons le même langage." » Il avait appelé un fabricant d'acier qui avait accepté de découper les plaques aux dimensions voulues. Dave s'était aussi renseigné sur les systèmes d'isolation par lame d'air, une technique qui consiste à laisser une espace vide entre les murs intérieurs et extérieurs. Au lieu d'assembler directement l'acier et le cadre, Dave installa donc des cales en métal sur le cadre, puis il fixa les panneaux extérieurs en acier sur celles-ci, afin que la chaleur générée par l'acier se dissipe avant d'atteindre l'intérieur.

Dave avait toujours eu en tête de retirer les fenêtres fixes sur les côtés. Il visualisait des sortes d'abattants qui s'ouvriraient en grand, telles des ailes. En fait, il rêvait d'un abri aux allures de vaisseau spatial ! Un contact à Taliesin obtint de l'Architectural Window Manufacturing Company qu'elle fasse donation de deux grandes fenêtres à double vitrage sur mesure. Dave les posa début 2011. Les abattants s'ouvrent si haut qu'il peut sortir de l'abri par les fenêtres.

En mai 2011, le bardage extérieur en bois était posé : des planches de séquoia bon marché que Dave avait peintes en noir en sachant que la couleur s'estomperait au fil du temps. Cela lui convenait. De même, il aimait l'idée que l'acier de la boîte rouille et vieillisse librement.

L'extérieur était terminé, mais Dave ne parvenait pas à s'en réjouir. Il était tendu. Selon ses prévisions, il aurait déjà dû avoir fini le projet dans son ensemble. Après tout, il ne faisait qu'une petite boîte. Et non seulement il repartait pour le Wisconsin, mais il devait aussi terminer l'abri et sa présentation de projet pour obtenir son diplôme en décembre.

Lorsqu'il retourna à Scottsdale en octobre 2011, Dave s'attela immédiatement à l'intérieur de l'abri. Il voulait le relier à l'extérieur par des moyens simples. Alors il fabriqua des étagères en contreplaqué de bouleau qu'il teinta discrètement. Chacune d'entre elles était en forme de L, en écho aux murets de briques.

Pour le mur du fond, les murs latéraux et le plafond, Dave opta pour du Durock, un panneau de ciment habituellement utilisé comme appui pour la pose de carreaux de céramique. Un maçon de la région, Ron Boswell, qui entretient toutes les constructions originales de Wright à Taliesin West, montra à Dave comment poser du plâtre en couche fine sur le Durock. Fort de ces instructions, Dave laissa tout de même volontairement certains pans de plâtre à l'état brut, non lissé. Le jeune homme souhaitait que l'intérieur de la boîte évoque une cave, pour relayer les concepts de l'« homme des cavernes » et du « nomade » de Wright. Selon ce dernier, la société était divisée entre ces deux types de personnes ; Dave voulait que son abri réunisse les deux. L'intérieur de la boîte était donc une cave, mais on pouvait ouvrir les fenêtres et la porte pour profiter du grand espace offert par la terrasse qui relie la structure à l'immensité du désert.

Une semaine avant la fin de l'année scolaire, Dave avait quasiment terminé son abri. Mais les pierres ramassées quatre ans plus tôt étaient toujours là. Voulant leur trouver une utilité, il les plaça autour des deux poteaux qui soutiennent la boîte. Ensuite, il acheta du fromage, des crackers, de la bière et du vin d'orge et il invita tous les étudiants de Taliesin West à fêter la fin des travaux.

Depuis qu'il a obtenu son diplôme en décembre 2011, Dave n'est retourné qu'une fois à Taliesin West. À l'automne 2014, il est revenu dans le désert, excité, mais nerveux, pour voir dans quel état se trouvait son abri. Tout était parfaitement intact.

GALERIE PHOTOS

« Permanent Camping » à Mudgee, Australie, par Casey Brown Architects
PHOTO PARTAGÉE PAR Penny Clay

DOUBLE-PAGE PRÉCÉDENTE Waldhaus, *the House of the Forest Owls*, (la Maison des hiboux) par Bernd Riegger Design in Wolfurt, Autriche
PHOTO PARTAGÉE PAR Adolf Bereuter

Abri gratuit pour les cyclistes le long de la route touristique nationale à Grunnfør, Austvågøy, îles Lofoten, Norvège
PHOTO PARTAGÉE PAR Pierre Wikberg

Cabane préfabriquée équipée de panneaux solaires, d'une fosse septique et d'un récupérateur d'eaux de pluie, à Tintaldra, Australie
PHOTO PARTAGÉE PAR Jaime Diaz-Berrio

DOUBLE-PAGE PRÉCÉDENTE Cabanes Morerava sur l'île de Pâques, Chili
PHOTO PARTAGÉE PAR Sebastián Cerda Pé / AATA Arquitectos

Petite maison dans le jardin, conçue par Vadim Sérandon dans le Rhône, France
PHOTO PARTAGÉE PAR Vadim Sérandon

Cabane de surfer conçue par Tarmo Piirmets, à Kalana, sur l'île de Hiiumaa, Estonie
PHOTO PARTAGÉE PAR Virge Viertek

Construction personnelle à Topanga, Californie
PHOTO PARTAGÉE PAR Mason St. Peter

Chiang Dao, Chiang Mai, Thaïlande
PHOTO PARTAGÉE PAR Clyde Fowle

DOUBLE-PAGE PRÉCÉDENTE Maison à Oberwiesenthal, Allemagne
PHOTO PARTAGÉE PAR Sebastian Heise

Le *Refugi Lieptgas* à Flims, Suisse, conçu par Nickisch Sano Walder Architekten. Cette structure en béton est venue remplacer une ancienne cabane en bois et en conserve la forme.
PHOTO PARTAGÉE PAR Gaudenz Danuser

CABANES MINÉRALES

La hutte s'enfonce sur deux mètres dans la colline. Elle est soutenue par une armature en bois.

7

CABANES MINÉRALES

Un artiste se crée un cocon à flanc de colline.

Comment habiter sous terre

Joseph, Oregon, États-Unis

Avant même d'atteindre sa cabane, Dan Price savait que quelque chose n'allait pas. La porte d'entrée ne reposait plus sur ses gonds. Quelqu'un s'était introduit chez lui. Dan se glissa dans l'embrasure et regarda autour de lui. Son ordinateur portable, une partie de son matériel, quelques vêtements et trois appareils photo avaient disparu, parmi lesquels le vieux Leica M42 qu'il avait utilisé pendant plus de dix ans en tant que photojournaliste. Dan était dévasté et en colère. Et pourtant, quelque chose lui disait que cela devait finir par arriver. « Imbécile, pensa-t-il. L'univers est en train de te dire que tu as trop de choses. Tu dois t'en débarrasser. »

Sans attendre, Dan se mit à démolir sa cabane bardée de cèdre, planche par planche. Deux ans plus tôt, en 1996, il avait passé deux semaines à construire sa structure de deux mètres sur trois à flanc de colline en surplomb d'une prairie à Joseph, dans l'Oregon. Cette petite ville du nord-est de l'État est la dernière escale sur une autoroute à deux voies qui grimpe vers les monts Wallowa. Surnommés les « Alpes de l'Oregon », les pics enneigés des Wallowa s'étirent sur environ soixante-cinq kilomètres dans une région piquetée de lacs de montagne et de vallées glaciaires où abondent les ours noirs, les aigles à tête blanche et les mouflons canadiens. Lorsque Dan s'était installé à Joseph en 1990, à l'âge de trente-trois ans, il était en plein *burn-out* et il cherchait un endroit paisible pour écrire et dessiner. Inspiré, entre autres, par l'ouvrage *Payne Hollow* d'Harlan Hubbard, qui prônait une vie simple dans une maison construite de ses mains, il était convaincu que le fait de renoncer au confort moderne pour être davantage en accord avec la nature lui procurerait une existence plus spirituelle et créative. Au départ, il souhaitait trouver une vieille cabane à retaper dans les bois. Finalement, il était tombé sur un pré en jachère près de la ville et il avait convaincu les propriétaires de le lui louer pour 100 $ par an; en échange, il s'engageait à réparer la barrière, à abattre des arbres et à entretenir la propriété.

Niché à trente mètres en contrebas d'un cul-de-sac, le long des rives boisées de la rivière Wallowa, le terrain était comme une page blanche. Dan ne voulait pas d'une habitation permanente. « Il faut passer du temps quelque part avant d'y construire une maison en dur », explique-t-il. Il était prêt à toutes les expériences. À cette époque, il avait déjà commencé à se séparer de certains de ses biens. En ville, il louait une chambre d'hôtel en guise de bureau, où il assurait la publication de son petit magazine de photos et stockait tout ce qui était lié à son travail. Dans le pré, il avait dressé un tipi, qu'il nommait la « cathédrale de tissu ». Le soir, il levait les yeux vers l'orifice en haut de la tente et il regardait les étoiles. Pendant deux étés, son ex-femme et ses deux enfants étaient restés avec lui avant de déménager dans une ville proche. Plus tard, il avait installé un tipi de cinq mètres de diamètre doté d'un plancher en bois et de l'électricité, ce qui lui avait permis de rendre sa chambre d'hôtel-bureau. Il avait construit plusieurs huttes de sudation et une petite remise. Il avait aussi creusé deux petits étangs, planté un jardin et poursuivi l'aménagement de la prairie.

Dan Price a construit deux abris enterrés sur la même propriété. Le plus grand des deux lui sert de bureau et d'atelier d'artiste.

KNOWLEDGE

Après deux ou trois hivers, Dan en avait eu assez de dégager son tipi de la neige et de passer tant de temps à l'entretenir. Alors, il avait bâti une hutte de deux mètres cinquante sur trois mètres cinquante avec des branches de cornouiller qu'il avait recouvertes d'une toile de jute. Dan utilise autant que possible des matériaux recyclés ou bon marché, et il ne se sent donc jamais totalement impliqué, ni financièrement ni émotionnellement, dans ce qu'il construit. Voilà pourquoi, après avoir ajouté une autre extension à sa hutte, il n'avait pas hésité à abandonner la structure tout entière, pour la simple raison que le résultat ne lui convenait pas. « Je ne m'encombre jamais d'aucun bagage, quel qu'il soit, alors je passe mon temps à me débarrasser de certaines choses ou à modifier divers aspects, explique-t-il. Et si une construction n'est pas adaptée, je la détruis. »

Le puits de lumière de l'atelier d'artiste a été réalisé avec des tiges à béton.

PAGE DE GAUCHE, EN HAUT
La hutte principale comporte une chambre-cuisine équipée d'une plaque de cuisson.

L'entrée de l'atelier d'artiste est à peine visible, nichée entre un auvent recouvert de terre et un mur de pierres.

Après le cambriolage de 1998, Dan ne tarda pas à démolir sa cabane bardée de cèdre, trop difficile à chauffer l'hiver de toute façon. De plus, après des années passées dans des habitations rondes, il ne parvenait plus à vivre dans un rectangle. Au fur et à mesure que les planches et le bardage tombaient, il les jetait sur un bûcher qui brûla pendant trois jours en formant des flammes de trois mètres de haut. Le troisième jour, il ne restait plus rien de la cabane, si ce n'est un tunnel de soixante-dix centimètres de large s'enfonçant dans la colline.

Un mois plus tôt, Dan avait créé ce tunnel pour mener à une extension récente de sa cabane, une pièce circulaire de deux mètres cinquante de large et un mètre de haut. Il avait percé un trou dans l'angle arrière gauche de sa cabane et formé un passage bas et étroit pour relier son habitation à l'annexe enterrée. Il s'était inspiré des anciens *kivas* que l'on trouve dans le Chaco Canyon au Nouveau-Mexique. D'aucuns trouvent que la structure de Dan évoque aussi les huttes de terre des Amérindiens. Utilisées par les tribus des Grandes Plaines, celles-ci sont constituées d'une armature en bois recouverte d'un assemblage d'herbe, de branchages et de terre ou de boue. On dirait des monticules de terre avec une petite entrée basse.

Le procédé de Dan était simple. Avec son fils, il avait passé trois semaines à creuser dans la colline derrière la cabane à l'aide d'une pioche et d'une pelle ou à la main. Puis Dan avait posé une immense bâche en plastique ultra-résistante qui recouvrait la totalité de la cavité et dépassait au-delà. Pour les murs, il avait accolé une série de poteaux perpendiculaires au sol et les avait cloués ensemble. La structure ressemblait à une sorte de jacuzzi en bois. Au sol, il avait posé de vieilles briques trouvées au gré de ses périgrinations autour de la ville. Il les avait recouvertes d'une bâche en plastique, puis d'une sous-couche pour moquette et enfin d'une moquette épaisse. Pour la toiture, il avait cloué des poutres sur toute la surface du plafond. Il avait ménagé un trou de soixante centimètres de côté dans le toit pour créer un puits de lumière, puis il avait tiré les extrémités de la bâche en plastique pour les réunir et les clouer. Il avait ajouté quelques morceaux de plastique supplémentaires sur la toiture avant de la recouvrir de soixante à quatre-vingt-dix centimètres de terre. Le plastique devait préserver le bois de l'humidité et la terre empêcher la chaleur de s'échapper de la pièce.

Sa cabane démolie, Dan s'assit et regarda l'entrée menant à sa chambre sous-terraine. « Et si je vivais dans cette pièce ronde ? » se demandait-il. Il était séduit par l'idée de se débarrasser de la table, des chaises et de la commode qui se trouvaient jusque-là dans sa cabane. Il pourrait déplacer les biens dont il ne pouvait absolument pas se passer — ses outils, notamment — dans la remise et la cabine de douche qu'il avait construites au bord de la rivière.
« Ce mode de vie est extrêmement sain et il fonctionne parfaitement, assure-t-il. Tout ce que je possède tient dans un pick-up. »

Outre l'aspect décroissant, il appréciait le côté magique qu'il y a à se fondre dans une colline. Et il lui semblait juste de s'intégrer dans le paysage plutôt que d'y imposer un élément en surface. Il lui fallut plusieurs jours pour réduire la longueur du tunnel et construire une porte à partir de deux poutres (et deux cadenas). Il refit également le puits de lumière avec du Plexiglas plus épais et construisit une terrasse en briques.

Quelques années plus tard, le premier opus de la trilogie cinématographique *Le Seigneur des Anneaux* sortit en salles. Dan avait lu *Le Hobbit* quand il avait une douzaine d'années et il en était tombé amoureux au point de se construire sa propre forteresse sous-terraine : un simple orifice recouvert d'un morceau de contreplaqué. Des décennies plus tard, il se rendit compte avec amusement qu'il vivait finalement dans un trou de hobbit. À cette époque, il trouva un pin tombé à terre au bord de la rivière. Au fil des ans, le courant avait patiemment fait

La hutte de sudation a été créée à partir de bardeaux de récupération et de poteaux provenant d'une barrière démolie par un voisin.

Dan Price se nourrit des plantes qu'il trouve autour de lui, parmi lesquelles des baies de sureau séchées, de l'amarante, des trèfles, des marguerites, du plantain et de la menthe.

CI-CONTRE, EN HAUT Une salle d'eau/atelier au bord de la rivière.

CI-CONTRE Dan Price a tenu un journal de ses voyages et de ses projets de construction dans le magazine *Moonlight Chronicles.*

LAY OUT
POLE
shelter

son œuvre et vrillé délicatement l'une de ses plus grosses branches. Dan la fixa au-dessus de sa porte de façon à former un auvent, qu'il recouvrit ensuite de rondins et de bardeaux donnés par un ami. Pour apporter la touche finale à la façade de sa construction, il superposa quantité de pierres moussues ramassées par brouettes entières dans un canyon formé par la rivière Imnaha toute proche.

« Le fait d'utiliser des matériaux usagés me donne l'impression que tout est en place depuis vingt-neuf ans, déclare Dan. Je travaille de manière assez brute. Je n'aime pas trop les finitions et je n'utilise jamais d'équerre ou de niveau. J'entasse du bois et je récupère tout ce que je peux trouver ici ou là, puis un jour, j'assemble toutes les pièces et ça fonctionne parfaitement. C'est zen. Je suis en harmonie avec le présent. »

On peut dire que sa philosophie se retrouve dans ses constructions. Pendant des années, Dan a parcouru le pays, en se laissant porter par l'instant présent. Il a sauté dans des trains, avalé des kilomètres à vélo d'un État à l'autre, marché sur de longues distances et campé dans sa voiture dans tous les États-Unis. Durant ces années, il a retracé ses aventures dans un magazine dessiné à la main intitulé *Moonlight Chronicles,* qu'il réalisait dans un studio enterré construit en 2006 non loin de son trou de hobbit. Plus il voyageait, plus il appréciait de retourner chez lui, dans sa minuscule maison sous la terre, où il se réveillait au son des cervidés galopant sur son toit.

Depuis quelques années, il passe ses hivers à Hawaii, à faire du surf tous les jours. Chaque fois, avant de quitter son petit pré de Joseph, il verrouille sa porte et place une statuette de Buddha devant l'entrée. « Je le laisse là juste pour voir si quelqu'un va le voler, explique-t-il. Personne ne l'a jamais fait. »

GALERIE PHOTOS

Près de Skógarfoss dans le sud de l'Islande
PHOTO PARTAGÉE PAR Kate Stokes

Construit contre un rocher à San Carlos de Bariloche, Argentine, *el refugio Petricek* est équipé d'un vieux poêle à bois.
PHOTO PARTAGÉE PAR Andrew Koester

Cabane de Sam Summer, île du Sud, Nouvelle-Zélande
PHOTO PARTAGÉE PAR Chris Menig

BOTVID

KRISTINA

DOUBLE-PAGE PRÉCÉDENTE Les huttes forestières de Botvid et Kristina au Kolarbyn Eco Lodge près de Skinnskatteberg, Suède
PHOTO PARTAGÉE PAR Sofija Torebo Strindlund

Gobcobatron, une maison en torchis construite par Brian « Ziggy » Liloia au Dancing Rabbit Ecovillage de Rutledge, Missouri, États-Unis
PHOTO PARTAGÉE PAR Stephen Shapiro

Cette boutique à la structure en bois et aux murs en argile a ouvert en 2013 dans le village de Kanyamahene dans la forêt impénétrable de Bwindi, Ouganda.
PHOTO PARTAGÉE PAR Hosanna Aughtry

DOUBLE-PAGE PRÉCÉDENTE Aït-Benhaddou, Maroc
PHOTO PARTAGÉE PAR Olivia & Eve Macfarlane

Moldhuset, i.e. « la Maison en terre », construite
par Ole Fatland dans les montagnes de Vikedal, Norvège
PHOTO PARTAGÉE PAR Johannes Grødem (petit-fils d'Ole)

DOUBLE-PAGE PRÉCÉDENTE Baraques de pêcheurs à Crater Cove, Sydney, Nouvelle-Galles du Sud, Australie
PHOTO PARTAGÉE PAR Chloe Snaith

Dalsvallen, Härjedalen, Suède
PHOTO PARTAGÉE PAR Kristoffer Marchi

Härjedalen, Suède
PHOTO PARTAGÉE PAR Edu Lartzanguren

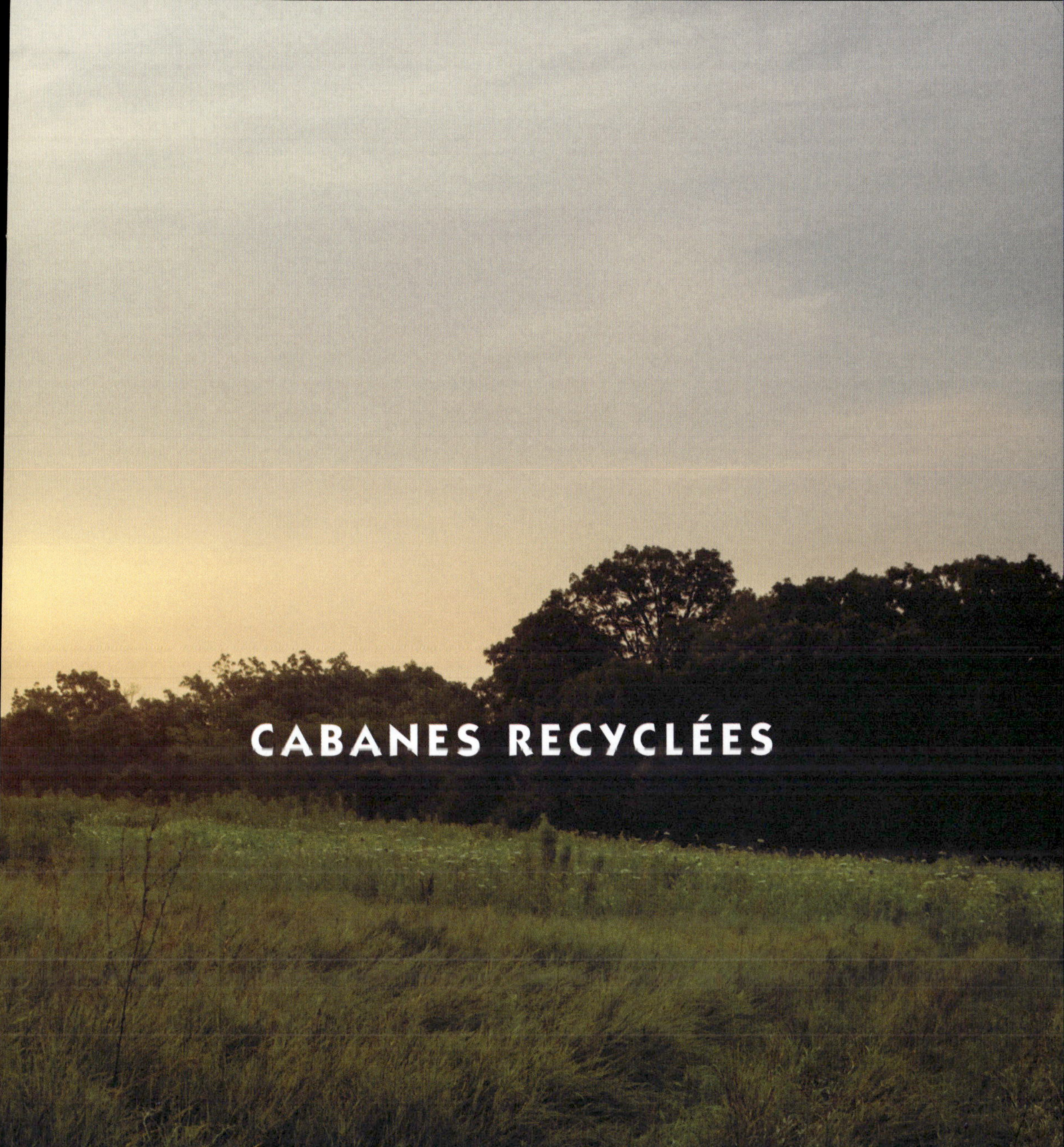

CABANES RECYCLÉES

Depuis la route, le silo à grains paraît toujours abandonné.

8

CABANES RECYCLÉES

Deux frères et un artisan-designer offrent une nouvelle vie à une vieille structure abandonnée.

Comment transformer un silo à grains

Grant City, Missouri, États-Unis

Kyle Davis escalada l'échelle métallique fixée à la paroi extérieure du silo et ouvrit la trappe. Un nuage d'air chaud s'en échappa, entraînant avec lui quantité de brins de paille et de coccinelles qui se dispersèrent dans le vent. Le silo à grains en tôle ondulée, à l'abandon depuis des années, se trouvait dans un champ à proximité de Grant City, dans le Missouri, un village rural de moins de mille habitants non loin de l'Iowa. En ce printemps 2011, l'atmosphère était déjà lourde et humide. Comme les rayons du soleil s'engouffraient par la trappe, Kyle examina l'intérieur du silo. Une vis à grains en métal de six mètres de long s'étendait du sol au plafond. En forme de crosse de hockey, elle était reliée à un vieux moteur qui n'avait pas brassé de grains depuis des décennies. « O.K., lâcha Kyle avec son accent typique du Midwest américain. On va enlever ça tout de suite. »

À l'extérieur du silo l'attendaient Taimoor et Rehan Nana. Cela faisait quelques années que les deux frères parlaient de créer une sorte de cabane sur la propriété familiale. Acquis par leur arrière-grand-oncle vers 1910, le terrain était constitué de cent vingt-cinq hectares de prairie qui avait été découpée en parcelles puis louée. En 1985, la famille avait inscrit quatre-vingt-quatre hectares à un programme de conservation, afin que cette partie ne soit plus exploitable en agriculture et qu'aucune construction n'y soit autorisée.

Lorsqu'ils étaient enfants, les deux frères venaient souvent depuis Kansas City pour explorer la forêt touffue et partir en quête de tortues et de grenouilles. Au fil des ans, ils s'étaient mis à chasser des oiseaux sur le terrain en compagnie de leur père — un immigré pakistanais installé à Kansas City depuis les années 1970 — et leur grand-oncle, un fermier de Sheridan, dans le Missouri. Ils arrivaient de la ville le week-end et campaient dans des tentes dans l'une des anciennes granges. De nombreux bâtiments abandonnés et barricadés sont disséminés sur la propriété au milieu des bosquets de noyers, d'acacias et d'ormes. Parmi ces constructions dans un état de délabrement plus ou moins avancé, on trouve une grange en bois des années 1800, une école du début du XXe siècle et une ferme bâtie après 1950.

En 2008, alors que Taimoor avait trente ans et Rehan, vingt-quatre, tous deux avaient décidé d'établir une structure plus pérenne dans laquelle ils pourraient dormir, cuisiner et se doucher. Réhabiliter l'une des bâtisses existantes aurait été trop coûteux et ne convenait pas à la philosophie de conservation de la famille. Taimoor s'était renseigné sur les conteneurs maritimes. L'idée de s'approprier quelque chose d'industriel et de moderne lui plaisait bien. Mais un tel objet aurait paru incongru au milieu de la nature.

Alors, Taimoor avait commencé à couver du regard le vieux silo à grains qui trônait près de la grange dans laquelle ils avaient l'habitude de camper. Le transformer n'était pas aberrant. Sur la route qui mène de Kansas City à Grant City, il y a des silos partout. Au cours des cinquante dernières années, l'industrialisation des fermes a décuplé l'ampleur et la cadence des travaux agricoles. Les silos de taille modeste n'ont plus d'utilité et ils restent là, vides, à prendre la poussière.

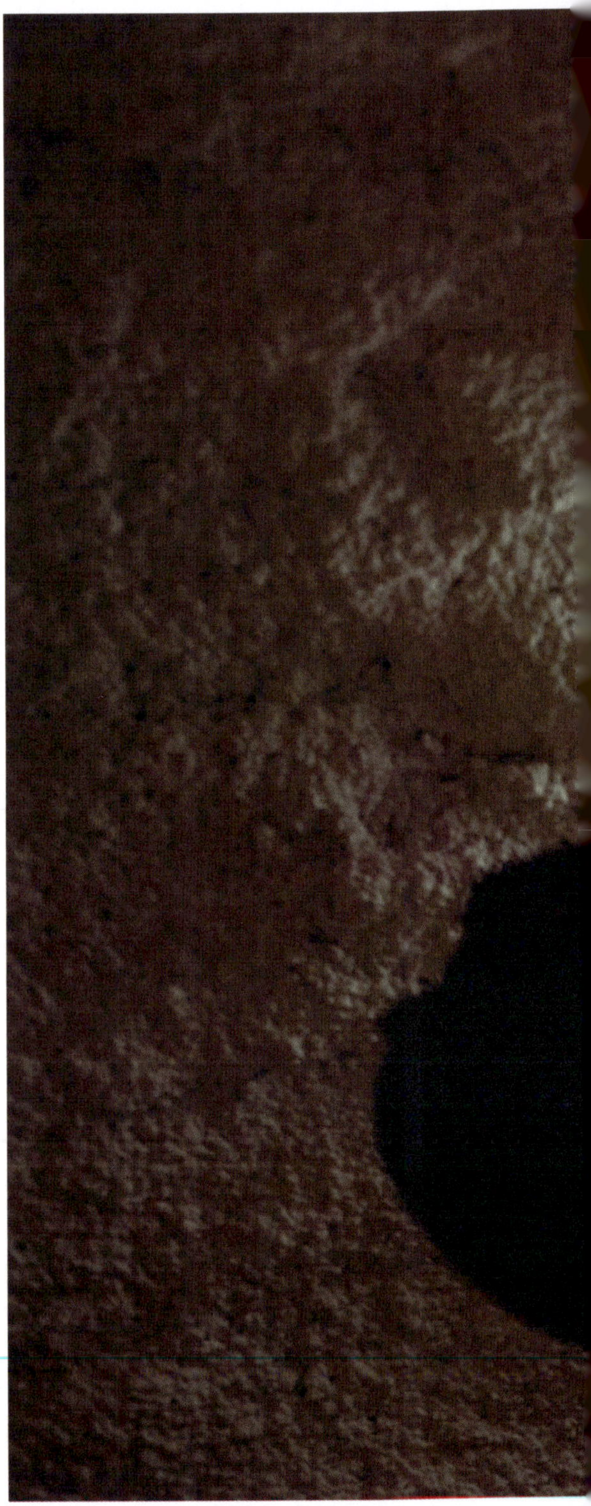

Kyle Davis scrute l'intérieur du silo à grains, qu'il a vaporisé d'une mousse isolante.

On en trouve en ligne pour moins de 250 $. Beaucoup de propriétaires sont même heureux d'en faire cadeau à quiconque voudra bien les démonter et les évacuer de leur propriété. Taimoor et Rehan disposaient déjà d'un silo. En revanche, ils n'avaient absolument aucune connaissance en matière de construction. De plus, ils voulaient trouver quelqu'un qui accepte de transformer leur silo tout en les incluant dans le processus, car ils avaient à cœur de mettre la main à la pâte.

Un ami d'enfance de Taimoor, Loren Schieber, leur avait alors présenté Kyle, un camarade rencontré lors de matchs d'*ultimate frisbee* à l'université du Kansas. Cet ancien scout, qui avait l'habitude de travailler sur les chantiers l'été lorsqu'il était au lycée, avait participé à la construction de la première maison de Kansas City à avoir obtenu la certification platine du LEED. (Le LEED — Leadership in Energy and Environmental Design —, est un système américain de standardisation des bâtiments à haute qualité environnementale.) Après ses études, il avait monté son entreprise de design et de construction à Manhattan, au Kansas. Alors, au printemps 2011, quand Taimoor et Rehan montrèrent le silo à grains à Kyle, celui-ci accepta le projet sans hésiter. Quelques minutes après avoir passé la tête dans la trappe, Kyle saisit une corde, il la noua autour du moteur et, avec l'aide des deux autres, il entreprit d'abaisser la vis à grains et de l'extraire du silo par la petite porte à l'arrière. Une fois la vis évacuée, le potentiel de l'intérieur du silo apparut plus nettement. Taimoor et Kyle firent quelques croquis. L'idée de créer une cabane avec quatre murs à l'intérieur du silo ne les satisfaisait pas, car ils ne souhaitaient pas camoufler sa paroi circulaire. Ils voulaient, au contraire, la mettre en valeur.

Les ouvriers ont découpé le silo à la scie
circulaire. Ils ont ensuite renforcé
la structure avec un cadre sur lequel
ils ont installé une baie vitrée standard.

En septembre 2011, Kyle prépara ses outils et embaucha deux amis, puis il rejoignit Taimoor, Rehan et Loren sur le site. Ils improvisèrent un atelier de menuiserie fonctionnant avec un générateur à gaz près de la grange toute proche et ils commencèrent à explorer la propriété à la recherche de matériaux. Sept ans plus tôt, une tornade avait détruit une grange à cinq minutes en voiture du silo. Bâtie à la fin du XIXe siècle, la structure en bois de dix-huit sur douze mètres n'était désormais plus qu'un énorme amas de débris. La partie supérieure, en majeure partie inutilisable, avait protégé bon nombre des poutres et des planches qui se trouvaient en-dessous. Kyle et son équipe prélevèrent délicatement les éléments en bon état et les rapportèrent à l'atelier. Les hommes fouillèrent également le grenier à foin en haut de la grange. Sous une épaisse couche de paille et de poussière, ils trouvèrent une pile de planches en bois de pin et prirent toutes celles qui n'étaient pas pourries. Ensuite, Kyle enseigna aux deux frères comment utiliser une ponceuse électrique. La tâche en elle-même était bruyante et monotone, mais Rehan et Taimoor eurent un réel plaisir à voir la superbe fibre du bois réapparaître une fois la couche abîmée retirée.

Tandis que les deux frères poursuivaient leur travail de ponçage, Kyle se rendit dans le réservoir à grains. Ils avaient décidé de découper un grand pan de la paroi et d'y poser une large baie vitrée. Le métal retiré serait par la suite fixé de nouveau sur le silo afin de servir de volets qui protégeraient le verre lorsque l'endroit serait vide. Au lieu de commander une baie vitrée sur mesure, Kyle préféra utiliser des vitres de véranda, car elles sont assez bon marché et disponibles en taille standard. Il choisit d'installer la baie vitrée sur le côté exposé au sud, afin de maximiser l'apport direct de lumière et de chaleur durant l'hiver et de réduire l'exposition au soleil en été. De plus, cela permettait de dissimuler l'ouverture à la vue depuis le chemin qui passait non loin. Pour qui emprunterait la petite route,

Kyle Davis et Rehan Nana ont récupéré des matériaux dans une grange du XIXe siècle qui s'était effondrée.

le logement ressemblerait toujours à n'importe quel autre silo abandonné dans un champ.

Kyle était un peu inquiet au moment de découper le métal. Le fait de retirer une section de deux mètres sur quatre risquait de compromettre l'intégrité structurelle du silo. Lorsque la lame de sa scie circulaire s'enfonça dans le métal, des étincelles jaillirent. Tout le monde aurait dû porter des bouchons d'oreille. « À l'intérieur, c'était vraiment assourdissant, se souvient Kyle. Le silo faisait caisse de résonnance. On ne s'entendait même pas penser tellement le bruit était fort. » Kyle effectua les deux premières entailles verticalement, du haut vers le bas, délimitant ainsi l'espace dans lequel viendrait s'encastrer la baie vitrée. Il vissa ensuite des charnières à chaque extrémité. Il tenait à ce que les éléments de fixation soient en place avant qu'ils ne coupent entièrement le métal. Dans le cas contraire, ils auraient dû tâtonner et soutenir chaque pièce à la main le temps de positionner les charnières correctement.

Kyle avait à peine effectué les deux dernières entailles horizontales — dans la largeur du silo — que le bâtiment s'affaissait d'un bon centimètre. Les hommes attrapèrent alors rapidement une longue cornière et calèrent la barre de métal entre le sol et le silo. Ils laissèrent ensuite cet élément temporaire en place pendant qu'ils poursuivaient le travail à l'intérieur du réservoir. Au bout du compte, ils fixèrent deux poteaux à la verticale de part et d'autre du cadre de fenêtre afin de soutenir la structure du silo de façon permanente.

À partir de là, il ne restait plus qu'à monter une ossature simple. Durant les deux semaines suivantes, l'équipe passa son temps à poncer des poutres, agencer des planches et monter la structure interne. Chaque matin, pour le petit déjeuner, ils achetaient des sandwiches au bacon, à la saucisse ou au jambon à la station-service la plus proche, puis ils partaient pour le silo, où ils travaillaient quinze heures

par jour. Il ne leur fallut qu'une journée pour installer les solives du plancher, les poutres de soutènement pour le grenier et toutes les marches de l'escalier flottant. Ils créèrent un plancher isolé de la dalle en injectant une couche de mousse isolante qu'ils recouvrirent de planches brutes. Ils placèrent ensuite sur celles-ci des lames de parquet prêtes à l'emploi, qu'ils fixèrent directement sur les planches brutes. Pour les escaliers, ils utilisèrent deux grosses poutres de soutènement trouvées dans la grange qu'ils taillèrent et poncèrent à la bonne taille. Chaque marche fut fixée à la paroi à l'aide de quatre boulons de vingt-cinq millimètres. Bien que les marches flottantes fussent solidement ancrées, Kyle tint à les relier entre elles par une bande d'acier pour renforcer le support. Il ajouta aussi une rampe en posant un long tube d'acier épais le long du mur du silo. Pour incurver cette pièce rectiligne, il suréleva une extrémité en la posant sur un rondin et il sauta à plusieurs reprises sur le centre du tube. En le voyant agir de la sorte,

Chaque marche a été fixée dans la paroi du silo à l'aide de gros boulons. Une bande de métal vient consolider le tout.

PAGE DE GAUCHE, EN HAUT Les murs de la douche ont été réalisés à partir d'une plaque de tôle ondulée trouvée sur la propriété.

PAGE DE GAUCHE, EN BAS Les charnières permettent aux propriétaires de fermer les deux grandes portes du silo et de les verrouiller.

les autres étaient plutôt sceptiques. Mais Kyle savait qu'ils n'avaient guère d'autre option. « On est au milieu de nulle part. Alors on se dit : "Bon, il va falloir faire preuve d'un peu d'imagination", explique-t-il. Il y a un endroit où elle est un peu serrée contre le mur et où on a du mal à passer la main derrière la barre. Mais pour une rampe obtenue en sautant sur un tube, je ne veux pas dire, mais c'est vraiment du bon boulot. »

Bientôt, les cinq fenêtres de la baie vitrée étaient en place, de même qu'une porte en verre réalisée sur mesure. L'intérieur du silo, lui, était transformé. Dans la mesure où il avait déjà été électrifié autrefois afin d'alimenter le moteur, il ne leur restait plus qu'à relancer le système électrique et à rétablir le courant. Pendant les hivers glacials, les deux frères branchent un radiateur électrique. Durant les étés chauds et humides, ils se servent d'un climatiseur.

Taimoor et Rehan viennent au silo surtout à l'automne et au printemps, lorsque le climat est plus agréable et propice aux cultures. En 2013, ils ont décidé de transformer leur partie de terrain préservée en prairie. Après avoir arraché certaines plantes invasives, comme les bromus et les fétuques, ils ont créé quatorze parcelles dédiées aux plantes pollinifères en divers endroits de la propriété. Ils y ont planté des graines de plantes herbacées et de fleurs qui attirent et nourrissent les populations d'insectes et d'oiseaux de la région, notamment des faisans et des cailles, qui font leur nid dans l'herbe. Ces zones participent ainsi à la protection des espèces. Les deux frères ont également planté du sorgho et du millet pour attirer des animaux sauvages plus gros, comme les cerfs de Virginie. Ils espèrent que la terre reprendra un jour l'apparence qu'elle avait cinq siècles auparavant. À terme, les bâtiments abandonnés seront ensevelis dans le paysage. « Ce sont les traces laissées par tous les gens qui ont vécu ici. Le silo est la marque de notre génération, confie Rehan. Mon frère a des enfants et j'espère bien en avoir un jour. Je rêve qu'ils viennent ici et qu'ils prennent soin de ce lieu. »

GALERIE PHOTOS

La Sunset House a été construite en Virginie-Occidentale, aux États-Unis, par Lilah et Nick à partir de fenêtres trouvées dans des déchetteries. Le bois de charpente, qui provient d'une ancienne grange située sur la propriété, avait été coupé et taillé des années auparavant par le précédent propriétaire.
PHOTO PARTAGÉE PAR Lilah Horwitz & Nick Olson

Épicerie ambulante transformée en chambre
pour adolescent, à Groningen, Pays-Bas
PHOTO PARTAGÉE PAR Marieke Kijk in de Vegte

Cabane-caravane en Suède
PHOTO PARTAGÉE PAR Reidar Pritzel

5KIS168

Camping-car Honda Civic
PHOTO PARTAGÉE PAR Jay Nelson

Bus scolaire surmonté d'une fourgonnette
PHOTO PARTAGÉE PAR Foster Huntington

Voiture de chemin de fer
convertie à Prievidza, Slovaquie
PHOTO PARTAGÉE PAR Katarina Dubcova

Cabane au cœur d'un pâturage
dans une zone reculée de Fiordland
en Nouvelle-Zélande
PHOTO PARTAGÉE PAR Chris Menig

DOUBLE-PAGE PRÉCÉDENTE Huit enfants sont nés et ont grandi dans ce bateau transformé en cabane arrimée à la rive en Colombie-Britannique, Canada.
PHOTO PARTAGÉE PAR Mark McInnis

Lindisfarne, une île au large du comté de Northumberland, Angleterre
PHOTO PARTAGÉE PAR Lynn Patrick

Machynlleth, Pays de Galles, Royaume-Uni
PHOTO PARTAGÉE PAR Alex Holland

Construite dans la région de Manawatu-Wanganui, en Nouvelle-Zélande, pour moins de 1500 $, à partir de matériaux de récupération ou donnés pour la plupart, la Best Hut est équipée de panneaux solaires, d'un récupérateur d'eaux de pluie, d'une baignoire d'extérieur chauffée au gaz et d'un pont-levis contrôlé par radio.
PHOTO PARTAGÉE PAR Jono Williams

Teakettle house à Galveston, Texas, États-Unis
PHOTO PARTAGÉE PAR Ryder W. Pierce

Belgrade, Serbie
PHOTO PARTAGÉE PAR Francois Lombarts

Cabane construite dans un ancien tonneau utilisé autrefois pour transporter du vin sur un bateau, près de Luleå, Suède
PHOTO PARTAGÉE PAR Kim Walker

CABANES GÉOMÉTRIQUES

9

CABANES GÉOMÉTRIQUES

Deux frères impriment leur marque sur la propriété familiale.

Comment fabriquer une yourte

**Keene,
État de New York, États-Unis**

Au printemps 2002, Nick Farrell dit à son père qu'il souhaitait construire une seconde yourte. Il faisait doux cette après-midi-là et ils se tenaient devant la yourte en bois de trente mètres carrés que les parents de Nick, Greg et Cathy, avaient construite en 1976 sur leur propriété de trente-cinq hectares à Keene, dans l'État de New York. Le père de Nick avait découvert ce petit village du nord-est des monts Adirondack en 1956 alors qu'il travaillait comme animateur au Camp Dudley, un camp de vacances des environs en activité depuis 1885. Greg avait été profondément marqué par cet été passé à mener des descentes en canoë et des randonnées à travers les riches forêts de pins, de pruches du Canada, d'épicéas et de hêtres. Au fil des ans, il était souvent retourné dans le nord des Adirondacks pour camper, marcher et pêcher. Quand il avait rencontré Cathy en 1965, ils avaient entrepris dès leur deuxième rendez-vous l'ascension du mont Marcy, une montagne qui culmine à 1629 mètres et qui est la plus haute de l'État de New York.

En 1973, le couple de jeunes mariés vivait dans un loft de Manhattan et rêvait d'acquérir un terrain dans le nord de l'État. Cette année-là, au cours de l'un

La première – et la plus petite – des deux yourtes construites à la main sur la propriété.

de leurs séjours à Keene, un agent immobilier leur avait montré une parcelle de forêt que longeait un ancien sentier autrefois utilisé par les bûcherons. Greg appréciait tout particulièrement le ruisseau qui traversait le terrain. Toute l'année, l'eau qui court projette un doux bruit blanc sur la forêt. Pour atteindre le cours d'eau depuis la route, les visiteurs doivent parcourir quatre cents mètres à travers les bois. Aucun chemin n'est suffisamment large pour permettre le passage d'un camion, ce qui signifie qu'il faut emporter tout le matériel et les provisions à pied jusqu'au site. Après plusieurs années à camper sous la tente, Greg et Cathy avaient décidé qu'il était temps de construire une cabane sommaire permanente au bord de l'eau. Ils avaient envie de la bâtir eux-mêmes, mais les connaissances de Greg en matière de construction étaient fort maigres – il n'avait jamais rien fabriqué de plus complexe qu'un abri à oiseaux. Qui plus est, le couple ne disposait que de quinze jours de congé par an ; leurs options étaient donc limitées. Un ami leur avait alors suggéré une yourte. Il avait recommandé à Greg de contacter un homme du nom de Bill Coperthwaite.

À cette époque, Coperthwaite commençait à se faire un nom dans la conception de yourtes basiques à monter soi-même. Elles remportaient un grand succès en Amérique du Nord parmi ceux qui prônaient un « retour à la terre ». Utilisées par les peuples nomades de l'Asie centrale depuis des millénaires, les yourtes traditionnelles sont des tentes circulaires soutenues par un cadre en bois démontable recouvert de tissu et maintenu par des cordes. Bill, un ancien professeur de mathématiques aux cheveux en bataille, était un pionnier dans la construction de yourtes modernes plus solides. En 1968, alors qu'il rédigeait sa thèse en éducation à l'université de Harvard, il vivait sur le campus dans une petite yourte au toit rouge construite de ses mains. Il lui avait fallu deux jours pour monter la structure avec

Nick, Cathy, Greg
et Andrew Farrell.

Pour créer la porte de la première yourte,
il a fallu tremper des planches de pin
dans de l'eau avant de les courber.

seulement 600 $ de matériaux. En 1973, l'année de sa mort, il vivait seul sur un terrain de deux cents hectares dans les bois de Machiasport, dans le Maine, où il avait construit pas moins de six yourtes, parmi lesquelles une imposante structure à trois étages surmontée d'une coupole. Il n'utilisait que des outils manuels et ne disposait ni de l'électricité ni du téléphone. Pour contacter Bill, les aspirants constructeurs de yourtes n'avaient d'autre choix que de lui envoyer un courrier postal. Si le projet l'intéressait, il répondait par un plan tracé à la main indiquant le chemin pour venir chez lui.

En 1976, Greg et Cathy avaient emprunté le sentier long de trois kilomètres et bordé d'épais buissons pour rendre visite à Bill. Celui-ci avait accepté de les aider à créer une yourte à Keene. « Il n'était clairement pas question d'argent, se souvient Greg. Nous parlions d'échange d'énergie. » Au mois d'août, Greg et Cathy avaient accueilli Bill sur leur terrain et, avec l'aide d'une équipe tournante de cinquante amis, parents, collègues et voisins, ils avaient érigé une modeste yourte non loin du ruisseau. En neuf jours, ils avaient monté toute la structure à l'exception de la porte et des fenêtres, et cela sans appareil électrique. Ils avaient uniquement eu recours à une tronçonneuse pour tailler les quatre poteaux de bois qui allaient servir de fondation. Bien qu'ardue, la tâche était agréable. Pour la porte recourbée de la yourte, Bill avait indiqué à Greg comment faire tremper des planches de pin dans de l'eau avant de les incurver. Greg avait pris la première planche et avait suivi les instructions, mais lorsqu'il avait tenté de la plier pour lui donner la forme de serrure voulue, le bois avait craqué et s'était brisé. Alors il avait fait tremper une autre planche et réessayé. Puis réessayé encore. Enfin, au cinquième essai, il était parvenu à façonner la planche comme il le souhaitait. Il avait ensuite répété l'opération avec quatre ou cinq planches pour obtenir un cadre solide. La yourte terminée, Greg et Cathy n'avaient pas seulement un abri : ils se sentaient désormais « ancrés » sur leur terre. Et bientôt, le logis insolite des Farrell deviendrait une attraction locale !

Les bancs installés dans la nouvelle yourte, plus grande, font également office de rangements.

Avant de construire la yourte, le couple avait bâti un pont jusqu'à un îlot sur la rivière. Ils y avaient créé un garde-manger, une table et un barbecue en pierre pour y cuire le fruit de leur pêche. Pantry Island (l'« Île Garde-Manger » avait été le premier d'une longue série de projets. À partir d'arbres tombés au sol, ils avaient posé huit ponts très simples en divers points du ruisseau. Dans les années 1980 — Nick et son frère, Andrew, étaient alors enfants —, ils avaient fabriqué un sauna dans un tonneau et, plus tard, une cuisinière à bois. Avant 1990, un *lean-to*, une solide structure en rondins à trois pans typique des Adirondacks, était venu remplacer un tipi situé en contrebas de la yourte. « Nous n'avions pas de plan. Une chose en amenait une autre, explique Greg. Et tout s'enchaînait à la perfection. »

Au fil des ans, le campement familial devint la destination favorite des Farrel pour s'éloigner de la ville. Ils passèrent quantité de nuits dans la yourte, Greg et Cathy lisant des livres à leurs fils à la lueur de la bougie. Les garçons y apprirent à pêcher, à grimper aux arbres, à couper du bois et ils dormaient souvent dans le *lean-to*. Ils descendaient le ruisseau sur des barques taillées dans de l'écorce de bouleau et faisait des ricochets à n'en plus finir. Une fois grands, ils installèrent une tyrolienne menant au beau milieu du cours d'eau.

Au printemps 2002, Nick avait vingt ans et il se disait que, tôt ou tard, son frère et lui se marieraient et auraient des enfants. La famille aurait alors besoin d'un autre bâtiment pour accueillir tout le monde. « C'est d'une logique implacable », approuva Greg. Nick n'imaginait pas autre chose qu'une yourte, alors Greg envoya une lettre à son ami Bill. Au printemps 2003, les deux frères et leur père partirent voir Bill à Machiasport pour discuter du projet. « C'était quelqu'un d'assez froid, bourru même », se rappelle Nick. Lorsque les deux frères évoquèrent une construction à deux étages, assez similaire à la grande yourte de Bill, celui-ci repoussa l'idée d'un revers de la main. Il avait en tête quelque chose d'imposant, mais plus simple et rapide à réaliser. Il confia à Nick et Andrew la liste du matériel à prévoir.

Un tonneau transformé en sauna chauffé au bois est installé près de la yourte originale.

Tous deux passèrent l'été à préparer les éléments et à les transporter jusqu'au terrain. Ils choisirent un emplacement en amont de la yourte originale, dans une zone parsemée de jeunes arbres. Ils consacrèrent leurs soirées et leurs week-ends à débroussailler le lieu. Puis, ils creusèrent des trous pour les poteaux et coulèrent les fondations. Ils demandèrent ensuite de l'aide à leurs amis. Greg et Cathy firent de même et, au bout du compte, une nouvelle équipe de cinquante personnes se constitua. Certains des ouvriers amateurs étaient d'ailleurs déjà présents pour la construction de la première yourte en 1976!

Tous les soirs, la petite troupe veillait autour du feu de camp jusqu'à une heure du matin, à grand renfort de whisky et de bière. Ils se levaient à six heures trente pour attaquer le travail à sept heures, selon la volonté de Bill. Pour Nick, la tâche la plus complexe consista à découper plusieurs blocs de bois pour le puits de lumière. Bill utilisa un biseau pour marquer des angles précis qu'on ne peut obtenir avec une scie à main. Nick, qui n'avait jamais utilisé de table de sciage, mit longuement à profit la machine d'un voisin. Quand il revint avec les pièces terminées, Bill sembla satisfait.

En deux semaines, la deuxième yourte était finie. Tous les étés depuis 2006, la famille organise un grand week-end durant lequel trente à quarante proches sont conviés à camper sur la propriété pour cuisiner, jouer de la guitare et des percussions, et profiter des yourtes. Ils ont surnommé leur rassemblement annuel le *YurtFest*. En 2014, les frères ont lancé un projet de construction sur Pantry Island. Mais avant, Greg a donné un conseil à Nick : « Détends-toi et accepte les erreurs de tes amis. » Les invités étant toujours plus nombreux, ils se sont réunis pour construire un garde-manger plus grand afin d'y conserver plus de provisions. Il n'est pas rare que les deux frères proposent à d'autres amis de les rejoindre au YurtFest. « Je suis immensément fier, confie Greg. Mais je n'y suis pas pour grand-chose. Je n'ai pas poussé Nick et Andy à prendre la relève. Il m'arrive encore d'être surpris et ravi de voir à quel point ils aiment cet endroit. »

GALERIE PHOTOS

Igloo géodésique à Kivik,
sur les îles Féroé, Danemark
PHOTO PARTAGÉE PAR Sara Mattei

Maison-dôme à Batesville, Virginie, États-Unis
PHOTO PARTAGÉE PAR Seth Denizen

Hôtel Whitepod à Les Cerniers, Suisse
PHOTO PARTAGÉE PAR Sofija Torebo Strindlund

DOUBLE-PAGE PRÉCÉDENTE Fforest Camp
près de Cardigan, Pays de Galles
PHOTO PARTAGÉE PAR Jackson Tucker Lynch

Yourte sur la Route de la Soie, Chine
PHOTO PARTAGÉE PAR Amelia Anderson

Bodrifty Roundhouse,
dans les Cornouailles, Royaume-Uni
PHOTO PARTAGÉE PAR Ian Kingsnorth

Yourte contemporaine construite par Alec Farmer et Uula Jero dans le Dumfries and Galloway, Écosse
PHOTO PARTAGÉE PAR Niall M. Walker

Yourte concentrique de William Coperthwaite près de Machiasport, Maine, États-Unis
PHOTO PARTAGÉE PAR Andrew William Frederick

Indian Point à Georgetown, Maine, États-Unis
PHOTO PARTAGÉE PAR Thomas Moses

La Wedgemount Lake Hut
dans le parc provincial Garibaldi,
Colombie-Britannique, Canada
PHOTO PARTAGÉE PAR Ethan Welty

DOUBLE-PAGE PRÉCÉDENTE Refuge dans la vallée du Veliko Rujno, Velebit, Croatie
PHOTO PARTAGÉE PAR Matea Sjauš

Cabane « en A » près de Stykkishólmur, Islande
PHOTO PARTAGÉE PAR Peter Baker

Cabane « en A » à Claraville, Californie, près de la forêt nationale de Séquoia
PHOTO PARTAGÉE PAR Aaron Chervenak

Maison de gardien de phare dans
les îles Mokohinau, Nouvelle-Zélande
PHOTO PARTAGÉE PAR Tim Dolamore

Tipi à Kanatha Aki, Canada
PHOTO PARTAGÉE PAR Mina Seville

CRÉATION GRAPHIQUE ET MISE EN PAGE
Matt Cassity

GESTION ICONOGRAPHIQUE
Kristen Fortier

ILLUSTRATIONS
Daren Rabinovitch

RECHERCHES
Timothy Lesle

PHOTOGRAVURE
Zach Vitale

RÉSIDENTS DE BEAVER BROOK

Tom Bonamici
Christina Cohen
Ellie Cohen
Idan Cohen
Jace Cooke
Jason Fried
Brian Jacobs
Noah Kalina
Grace Kapin
Courtney Klein
Nell Klein
Zach Klein
Derek Lasher
Matt Lehrer
Cassie Marketos
Mirza Nagji
Irene Polnyi
Jamie Wilkinson
Paloma « Poppy » Wilkinson
Armin Zomorodi

Un immense merci à ceux qui nous ont accueillis :

Dennis & Crystal English,
Lisa Sitko & Douglas Armour,
Dennis Carter & Anneli Carter-Sundqvist,
Sam & Ruben Caldwell, Dave Cummings,
Ethan Schlussler & Julie McCallan,
Dave Frazee, Victor Sidy & Indira Berndtson,
Dan Price, Kyle Davis, Taimoor & Rehan Nana,
Loren Schieber, The Farrell Family

Vous avez toute notre reconnaissance :

Richard Pine, Garrett McGrath, Scott Newkirk

BOSTITCH

Auteurs

Zach Klein, qui a co-fondé et conçu Vimeo, est le directeur général de DIY.org, un site communautaire pour aider les enfants à développer de nouvelles compétences. Par le passé, il a donné des cours de design interactif à l'Ecole d'arts visuels de New York. Il vit à San Francisco, mais il se rend régulièrement à Beaver Brook où le projet Cabin Porn a commencé.

Steven Leckart est un correspondant régulier du magazine *Wired*. Il a été finaliste pour les National Magazine Awards.

Noah Kalina est photographe. Il vit et travaille à New York.

Contributeurs

Connor Charles
Anka Lamprecht & Lukas Wezel
Henrik Bonnevier
Dr. Julius Christopher Barsi
Taylor L. Applewhite
Peter Turner
Tyler Austin Bradley
Haukur Sigurdsson
Tom Powell
Inge Wegge & Jørn Nyseth Ranum
Jonas Loiske
James Bowden
Joshua Langlais
John T. Foster
Maria Polyakova
Rustan Karlsson
J. L. Kane
Stefan Guzy
Kate Stokes
Ruedi Walti
Patrick Joust
Vincent Menu
Brice Portolano
Randel Plowman
Stephanie Schuster
Mina Seville
sending-postcards.com

Kristoffer Marchi
Kate Barrett
Scott Meivogel
Brittany Cole Bush
Marieke Kijk in de Vegte
Nicolas Schoof
Donna Irvine
Jenn & Willie Witte
Kyle Johnson
Casey Greene
Joonas Mikola
Jonathan Cherry
jonathancherry.net
Ethan Welty
hutmap.com
Jason Vaughn
jasonvaughnart.com
Stu J. Beesley
stujbeesley.co.uk
Jaharn Giles
misterweekender.com
Peter McLaren
Foster Huntington
Francesco Mattuzzi
Dean Azim
Kursten Bracchi
Linda Aldredge
Alec Miller
YestermorrowDesign/Build School

Erik A. Jensen
Katy Anderson
Matt Beckemeyer
@nycviaco
Andrew Ranville
andrewranville.com
Joel Allen
Rok Pezdirc
Peter Lundström
WDO
Penny Clay
Adolf Bereuter
Pierre Wikberg
Jaime Diaz-Berrio
Sebastián Cerda Pé
AATA Arquitectos
Vadim Sérandon
Virge Viertek
Mason St. Peter
Clyde Fowle
Sebastian Heise
batah.de
Gaudenz Danuser
gaudenzdanuser.com
Andrew Koester
Chris Menig
Sofija Torebo Strindlund
Stephen Shapiro
Hosanna Aughtry
Olivia & Eve Macfarlane

Johannes Grødem
Chloe Snaith
Edu Lartzanguren
Lilah Horwitz & Nick Olson
Reidar Pritzel
Jay Nelson
Katarina Dubcova
katarinadubcova.tumblr.com
Mark McInnis
Lynn Patrick
Alex Holland
Jono Williams
Ryder W. Pierce
Francois Lombarts
Kim Walker
Sara Mattei
Seth Denizen
Jackson Tucker Lynch
Amelia Anderson
Ian Kingsnorth
hiddenhideaways.co.uk
Niall M. Walker
Andrew William Frederick
Thomas Moses
Matea Sjauš
Peter Baker
Aaron Chervenak
Tim Dolamore

Consultez
cabinporn.com/submit
et partagez vos cabanes
avec la communauté.